英语翻译理论的多维度诠释及实践

苏秋军　姚　洋◎著

吉林出版集团股份有限公司

图书在版编目（CIP）数据

英语翻译理论的多维度诠释及实践 / 苏秋军，姚洋著. — 长春 : 吉林出版集团股份有限公司，2024.5

ISBN 978-7-5731-5037-0

Ⅰ. ①英… Ⅱ. ①苏… ②姚… Ⅲ. ①英语－翻译－研究 Ⅳ. ①H315.9

中国国家版本馆CIP数据核字（2024）第104626号

英语翻译理论的多维度诠释及实践

YINGYU FANYI LILUN DE DUOWEIDU QUANSHI JI SHIJIAN

著　　者　苏秋军　姚　洋
出版策划　崔文辉
责任编辑　刘　洋
助理编辑　邓晓溪
封面设计　文　一
出　　版　吉林出版集团股份有限公司
（长春市福祉大路5788号，邮政编码：130118）
发　　行　吉林出版集团译文图书经营有限公司
（http：//shop34896900.taobao.com）
电　　话　总编办：0431-81629909　营销部：0431-81629880/81629900
印　　刷　廊坊市广阳区九洲印刷厂
开　　本　710mm×1000mm　1/16
字　　数　220千字
印　　张　14
版　　次　2024年5月第1版
印　　次　2024年5月第1次印刷
书　　号　ISBN 978-7-5731-5037-0
定　　价　85.00元

前　言

翻译，作为跨语言、跨文化的桥梁，一直以来都承载着重要使命。随着全球化的深入发展，英语翻译的重要性愈发凸显，它不仅关系到国际交流的顺畅进行，更在某种程度上影响着文化的传播与融合。然而，翻译并非简单的语言转换，它涉及语言学、文化学、心理学等多个学科的交叉，需要译者具备深厚的理论基础和丰富的实践经验。

本书旨在从多个维度对英语翻译理论进行深入探究，并结合实践案例进行分析，力求为读者呈现一个全面、系统的英语翻译理论体系。本书从翻译概论入手，介绍了英语翻译相关理论、文化差异与翻译策略研究、英汉语言对比，接着深入探讨了英语翻译方法、英语翻译技巧以及英语翻译教学中几种关系的处理，并对英语翻译教学与跨文化交际等进行总结和探讨。希望通过本书，能够帮助读者更好地理解翻译的本质，掌握翻译的技巧，提高翻译的质量，为国际交流和文化传播贡献自己的力量。

本书在撰写过程中，参考和引用了一些文献资料，谨向它们的作者表示感谢；感谢一直以来支持、鼓励和鞭策我成长的师长和学界同人。由于笔者水平有限，书中难免存在不妥甚至谬误之处，敬请广大学界同人和读者批评指正。

目　录

第一章　翻译概论

第一节　翻译的内涵与标准

一、翻译的内涵

中外学者和翻译理论家从信息学、符号学、文化学、艺术学等角度对翻译内涵进行了深入研究，归纳起来主要有如下几个方面。

（一）翻译的信息学内涵

翻译是一种重要的信息传递方式，许多学者从信息学视角来解释翻译的含义。

在王德春看来，翻译就是将一种语言中的信息进行转化，然后用另外一种语言来传达它所传递的文化信息。

李树辉认为，翻译是对信息进行解码和再编码的一种行为。此外，他还发现，从其他角度解读翻译的含义，如符号学、文艺学等，并没有充分反映出翻译的本质，甚至存在着偏差。尽管他的看法具有一定的主观性，但从其存在的角度来看，翻译的内涵认识已经出现了多样化的倾向。

（二）翻译的符号学内涵

19 世纪末至 20 世纪初，人们把文化背景和语境看作影响信息传播的重要因素，认为翻译是一种涉及整个人类交际体系的交流与沟通的活动。

许钧教授指出，翻译是一种以符号转换为手段、以意义再生为使命的跨文化交流。

杨贤玉的翻译意蕴也是从翻译符号学的角度来解读的。他把翻译分为广义和狭义两种：广义上称为“符际翻译”，着重于“基本信息”的转化。它的范围非常广泛，涵盖了本族语言与非本族语言、方言与民族共同语、方言与方言、古语与现代语、语言与非语言（符号、数字、身体语言）的转换。狭义的翻译通常是指“语际翻译”，即英汉互译、法汉互译、德英互译等。

符号学内涵的翻译从语义之间的转换升级为言语符号对象的转换，涵盖了整个人类的交际体系。这一解释是对语言学的一种扩展，它继承了语言学定义中的“转化”与“对等”的概念，并且受到了语言学的限制。

（三）翻译的文化学内涵

传统的翻译理论认为，语言分析与文本对比是翻译研究的基本任务。但是在具体实践中，翻译也要考虑到两种语言所承载的文化。翻译的文化学意义是以符号学的基本概念为依据的。在国外，对翻译的文化学内涵研究有很大影响的学者是兰伯特和罗宾斯。张今是我国著名翻译理论家，他也是从文化交流的视角来阐述翻译内涵的。张今认为，翻译可以被视为两种语言社会之间的交流手段，而翻译的目标也是推动两种语言在政治、经济、文化等方面的发展。

（四）翻译的艺术学内涵

翻译的艺术性实质上就是从美学的视角来研究翻译，把翻译看作一种艺术创造。巴斯纳特、兰伯特、拉斐维尔、赫曼斯等西方文学流派的代表人物都把翻译看作对原文的艺术再创作。茅盾认为文学翻译就是通过不同的语言来表达原文的艺术意蕴。王以铸这样解释翻译的定义：好的翻译不是把原文一字一句地搬来，而是把它的“神韵”表达出来。

这些对翻译内涵的诠释都是以艺术化为目标的，而这些界定也在一定程度上影响了文体学、修辞学、美学以及对翻译成果的探讨。不难看出，一些观念类似于译者零星的感悟或总结，但它们在翻译过程中起着过渡作用，从无规则的概括到有规则的内容分析，译者也开始转向系统翻译理论研究。

二、翻译的标准

（一）国内典型的翻译标准

翻译是一种跨文化语言活动现象，东西方翻译界关于翻译的理论层出不穷。西方先后涌现了语言学派、阐释学派、功能学派、文化学派、解构学派、女性主义、后殖民主义等翻译理论，同时出现了“对等”“等值”“等效”等翻译理念。翻译理念及翻译派别深受哲学思想的影响，尤其前期理论受到语言哲学的影响尤甚。

中国最早的翻译思想来自道安的“五失本三不易”，然后分别出现了“十条八备”、玄奘的“五不翻”、赞宁的译经“六例”、马建忠的“善译”、严复的“信达雅”、傅雷的“神似”和钱钟书的“化境”等翻译思想。

1. 玄奘的翻译标准

玄奘是佛教经典翻译的开创者，为我国的翻译事业做出了巨大贡献。玄奘根据多年的佛经翻译实践，提出了“既须求真，又须喻俗”的翻译标准和“五不翻”原则。

“求真”是指译文要忠实于原文，并保留原文的风格，是为了使真实的内容信息传递出去；“喻俗”是指把复杂的内容简化，既要忠实原文，又要易于理解。玄奘把“求真”与“喻俗”有机融合在一起，即译文不仅要通畅、通达，还要与本民族的语言规范相统一，二者相互补充，从而对我们的翻译工作产生深远的影响。

“不翻”并非不译，而是“音译”。“五不翻”主要包括如下几方面：

①“秘密”语的翻译。佛经中有很多经文，以吟唱的方式表达其奥妙，具有隐含的意义和功能，应当音译。

②多义词的翻译。一字多义的梵文在汉语中没有适当的词语可以用来表示，所以只能用音译的方式来表示。

③译语中没有的词汇的翻译。例如，中国文化中没有的东西，应当音译。

④约定俗成的词语的翻译。例如，一些惯用的词汇要按习惯使用音译。

⑤“生”而不翻。这个情形是指那些有特别含义和作用的词汇也应该音

译。“五不翻”原则概括及归纳了音译的规律，在保持原作的意义与效果的同时，还能弥补因文化、语言上的差异而导致的词义空白，并引入外来词汇，对以后的翻译工作产生了极大的影响，具有很强的指导意义和作用。

玄奘对佛教经典的理解，以及他对翻译标准和翻译原则的理解，在当时都已达到了顶峰。同时，他也培养了一批优秀的译者，对后来的译经事业也有很大影响。

2. 严复的翻译标准

在国内翻译发展中，影响较为深远的翻译准则是严复提出的“信、达、雅”。严复以前的译者们在翻译佛经时，曾先后提出了“直译求信”等翻译准则，并从“信”向“达”“雅”发展和演进。严氏将前人对翻译标准的各种论述创造性地总结成三个字：信、达、雅。“信”是指译文要对原文忠实，“达”是指译文对译入语的规范表达，“雅”是指译文对原文“神韵”的优美表达。

（二）国外典型的翻译标准

西方翻译理论学派主要分成语言学派、阐释学派、文化学派、解构学派、后殖民学派等，学派众多且内涵丰富，与中国国内译论相比，既有差异和区别，又有共通之处。

1. 多雷的翻译标准

艾蒂安·多雷是法国16世纪的一位人文学者和翻译家。他按照翻译的重要性列举了五条翻译法则。要想做好翻译工作，就必须做到下面五个方面。

①彻底理解原作的意思和原文作者写作的意图。

②掌握并能熟练地运用目的语语言。

③不要一个字、一个字地翻译。

④避免生词歧义，尽可能用日常用语。

⑤注意翻译中的修辞。

2. 乔治·坎贝尔的翻译标准

坎贝尔在翻译理论上的突破与贡献体现在他所提出的翻译“三大原则”。

①翻译时要精确地表达原文的意思。

②尽量将原文的精神与文体进行移植。

③翻译目的和翻译技巧之间有着密切关系，翻译过来的译文也要保持语言的自然流畅。

3. 奈达的翻译标准

奈达的功能对等理论在翻译研究领域有着巨大的影响力。在奈达的功能对等理论形成之初，许多学者就意识到翻译应该包括两个过程：忠实再现原文和适应目的语读者。奈达认为，译者应力图达到两种语言之间的功能对等，不必追求表面上的文字对应。功能对等理论经历了形式对等、动态对等、功能对等三个演变阶段。最初，奈达认为，形式对等关注的是原文，要求尽量表现原文的形式和内容，而动态对等则强调读者对译文的反应。20 世纪 80-90 年代，奈达进一步完善了其理论，在《语言、文化与翻译》一书中，他根据认知因素和经验因素，将功能对等划分为最高程度和最低程度两个层次的对等。最低程度的对等是指“译文读者对译文的理解应达到能够想象出原文读者是如何理解和领会原文的程度”；最高程度的对等是指“译文读者能够以与原文读者基本相同的方式理解和欣赏译文”，然而最高程度的对等很难达到。

1964 年，奈达在《翻译科学探索》一书中提出形式对等和动态对等两个概念。形式对等既强调原文与译文之间语言形式的对等，又强调内容对等。换言之，译者应确保译文的内容和形式接近原文的内容和形式。奈达的对等理论的核心是，用最接近、最自然的方式将与原文对等的信息表达出来，使译文读者和原文读者具有基本相同的反应和感受。为了追求这种对等，译者倾向于保留诸如标点符号和段落分隔符等正式符号，以再现原始的写作风格。形式对等可用来翻译一些简单的句子，基本上相当于直译，但多数情况下，过分强调形式、只按字面意思翻译可能会使译文与原文相差甚远。

1969 年，奈达在《翻译理论与实践》中进一步阐述了动态对等的概念，并提出“所谓翻译，是在译入语中用最贴切而又最自然的对等语再现源语的信息，首先是意义，其次是文体”。为了用最接近和最自然的对等语从语义到文体再现源语信息，必须保留原文的内容和内涵，以便译入语读者的阅读感受和源语读者的感受大致一样。只有从语言形式到文化内涵，都能够再现源语的风格和精神，才能称之为优秀的翻译。

1986 年，奈达在《从一种语言到另一种语言》一书中开始用功能对等代替动态对等，然而，它们之间并无太大区别。早在 1964 年，奈达就已论及功能对等，“基本上，动态对等是从功能对等的角度来描述的。翻译的定义是建立在这样的基础上的：译文的读者对译文的理解必须达到原文读者对原文理解的程度”。功能对等是奈达翻译理论的核心，该理论以信息论为基础，强调读者的反应。

1993 年，奈达在《语言、文化与翻译》一书中论证了翻译是两种文化之间的交流，对于一个真正成功的译者而言，了解两种文化比掌握两种语言更重要，因为词语只有在其有效的文化背景下才有意义。也就是说，翻译的最终目的是交流，译入语读者所收到的信息才是至关重要的。由于两种语言之间存在着文化差异，译者不应一味追求简单的字句对等，而应按照译入语的表达习惯进行翻译，即强调信息的再现。

奈达认为，翻译的最低要求是译文读者要能够理解译文所传达的信息。无法让人明白的译本，就不可能是忠实的翻译。因此，一个好的译者在翻译时，一定要注意对同一句子或段落的不同翻译方法。应当说，这种观点在理论上是合理的，但是由于译者的能力限制，在实际的翻译中是很困难的。

奈达的翻译标准可以归纳为“忠实原文、易于理解、形式恰当、吸引读者”。奈达在翻译准则中引入了读者因素，这对于翻译标准的研究具有重要意义。

4. 费道罗夫的翻译标准

费道罗夫是苏联著名翻译学家，也是著名语言学家。他在《翻译理论概要》中提出确切翻译、等值翻译等术语，并指出要充分精确地表述原文的思想内容。《翻译理论概要》是苏联第一部以语言学为视角的翻译理论著作，它的中心思想是“等值论”。

费道罗夫的翻译标准分为以下两个方面。

①翻译要尽可能准确地让目的语读者理解原文的内容。

②翻译是指用目的语语言把已经在内容和形式上不可分割的原作语言表现出来。

费道罗夫的“等值论”是我国翻译理论界公认的一种翻译准则。他是第一个从语言学角度对翻译理论进行系统研究的理论家，同时也是对传统翻译理论提出疑问的人。

20 世纪 80 年代以前，西方翻译思想深受柏拉图“本质主义”哲学思想的影响，即意义具有普遍性和恒定性，在经过不同语言传递前后都能保持原始意义的“原汁原味”。撇去中西哲学理念的差异，无论是西方的翻译思想，还是中国的“信、达、雅”等翻译理念都充分阐明：译作依附原作，译者自然要逊色于作者。此后，意义恒定观催生了翻译对等论。翻译对等论作为西方翻译理论发展的早期概念，已经在翻译主流理念中存在 1500 年了。对等是以所有语言都有相同的表现能力为前提的，它是指翻译中源语成分和目的语成分具有相同的意义价值。具体来说，就是要求原作和译作具有相同的信息、相同的思想、相同的意境和相同的语体风格。它认同两种语言的成分可以实现等值，即语言之间可以完全对等和相互转换，译者的工作主要是在另一种语言内恢复原著的神韵。作者由此获得了绝对的控制权，译者的作用及影响会被作者无情“吞噬”。尽管在具体翻译实践中，译者对原著拥有少量的艺术处理和创造性变动的权利，但他的著作权基本还是被否定的，译者由此变成了作者的影子。

第二节　翻译的性质与分类

一、翻译的性质

什么是翻译？关于这个问题，人们的观点各不相同。不同的观点会导致不同的翻译方式和翻译策略。

语言学翻译观可分为传统型和当代型两种。从 19 世纪开始，传统的语言学领域就一直关注着翻译问题。正如英国语言学家卡特福德所说，翻译是一种语言的运作，也就是将一种语言的文字替换成另外一种语言的文字。张培基认为，翻译就是通过一种语言，将其他语言的思想内容精确、完整地再现。苏联语言学家巴尔胡达罗夫提出，翻译就是将一种语言中的连续语转变为另一种语言中的连续语。当代语言学的翻译观受到当代语言学的影响，将其从语言层面延伸到交际语境、语域、语用等方面。从语言作用和交流两个方面对翻译进行分析，通常把重点放在译文的翻译上，而非文本，其目的在于与读者进行沟通与交流。

奈达是西方翻译理论中最具代表性的一位。他认为，翻译是指在译入语中，以最接近源语的形式呈现出与原文最接近的自然对等物，一是意义，二是文体风格。奈达主张，理想的翻译是以读者的反应为标准的，也就是译文读者与原文读者在阅读过程中要产生相同的反应。刘宓庆先生认为，翻译本质上就是意义的转化。蔡毅也认为翻译是把一种语言的意思用另外一种语言来表达。

文艺学的翻译原则是以文学理论为基础对翻译进行阐释。他们把翻译看作一种艺术形式，它注重语言的创造作用，注重译文的艺术效果。巴斯纳特、兰伯特、拉斐维尔等都属于文学流派，他们把翻译看作对原文的再加工。在国内，文学翻译的观点也相当多，比如傅雷的“神似说”、钱锺书的“化境说”等。

文化学翻译的原则是从文化角度进行的。文化翻译论的学者们认为，翻译不仅仅是语言的象征，更是一种文化的交流。翻译是一种文化活动，它的含义是通过其他语言的转换来传达的。翻译是跨语言、跨文化的交流与沟通。许多西方学者都把“跨文化”交流作为一种翻译活动。

从以上学者和翻译理论家对翻译的认识来看，翻译的过程既涉及两种语言，也包括了两种文化。从这一点可以看出，翻译不仅仅是一种语言行为，更是一种文化行为。翻译是一种文化载体，它是一种通过语言机制的转化而将自己的文化和外来的文化联系起来的纽带。翻译实际上是两个社会的交际过程和交际手段，其目的在于推动社会政治、经济或文化的发展，其任务就是将原文所包含的真实世界的逻辑映射或艺术形象从一种语言中完整地转移到另一种语言中。

二、翻译的分类

（一）卡特福德的翻译分类

这种分类是基于翻译的层次、翻译的范围、语言的等级等方面进行的。

①从翻译的层次（语法层面、词汇层面、语音层面、词形层面等）进行分类，翻译可划分为完全翻译与有限翻译。前者即源语的语法和词汇被等值目标语的语法和词汇所取代；后者是指源语文本只在某一水平、某一层次上由译语文本替代。

②从翻译的范围进行分类，可以把译文分成全文翻译和部分翻译。

③从语言的等级（词素、词、短语、句子等）对翻译进行分类，可以分成逐词翻译、直译和意译。

（二）雅各布森的翻译分类

这种翻译分类是从语言学和符号学视角进行的。

1. 语内翻译

语内翻译是用同一语言的另一符号来阐释其言语符号。换句话说，语内翻译是同一语言间不同语言变体的翻译。或者说，语内翻译就是把一种语言材料用同一种语言换一种说法，即重新解释一遍。语内翻译包括古代语与现代语、方言与民族共同语、方言与方言之间的转换。英语学习中解释疑难句子常常用到的释义（paraphrase）其实也是一种语内翻译，即同一种语言内部的翻译。

语内翻译不一定要指向某个预设的真理，它还可以沿着不同的路线去往不同的目的地。唯一能够确定的是，对同一文本的阐释有着共同的出发点，在某种程度上，语内翻译不需要将意指对象完整真实地显现出来，它仅是一种表现形式，体现着人类精神的相互沟通和相互阐发的过程。人类精神文化的不断创造过程使人类的文化不断丰富起来。

2. 语际翻译

语际翻译是指两种语言之间符号的转换，这也就是真正意义上的翻译，是对原文符号在另一种文化中的解读。这种解读将所有的原文本符号都放置于一个宏观的文化背景或“非语言符号体系”中。要想达到语际翻译层面的对等，就要使处于源语文化中的符号在目的语文化中得到正确的解读与传译。从符号学角度来讲，一个语言符号的指示意义由三种意义共同构成：语义意义、句法意义和语用意义。如何正确地传达出这三种意义便是实现语际翻译的重点所在。

3. 符际翻译

符际翻译是指运用非言语的符号体系来解释语言的符号体系。浙江大学许钧教授指出，“符际”的翻译是人们经常使用的文字、语言、舞蹈、音乐、绘画等的符号之间的翻译。一般来说，一个人掌握了越多的符号，符号间的翻译能力越强，感知世界的能力也就越强。可见，符际翻译是指原文符号在非言语层面上的解读。它并不传递原文的意义，而是传递对语言的直接感觉，是对作为基于图像符号意义本身特性的翻译。具体来说，符际翻译对等表明了原文与译文的一些相关的物理特征。英汉差异使译文在句子的长度、标点符号的使用上难以达到对等，但在符际层面至少要达到外观结构上的大致对等。

（三）其他学者的翻译分类

在翻译研究发展的基础上，其他学者纷纷从不同角度对翻译进行了分类。根据翻译主体性质或翻译手段，翻译可分为人工翻译和机器翻译；根据翻译所涉及的语言的形式与意义，翻译可分为语义翻译和交际翻译；根据翻译的处理方式，翻译可分为全译、摘译和编译；根据翻译客体的性质或翻译的题材，翻译可分为文学翻译和实用翻译；根据译者翻译时所采取的文化姿态，翻译可分为归化翻译和异化翻译。

随着翻译的不断完善，各国、各团体之间的交流日益密切。即使是在同一种文化的范围之内，也可以通过翻译活动的发展来推动文化的发展。翻译不仅是语言和文字的僵化转换，而且具有很高的审美价值。翻译工作者在把握和理解原文时，必须对其进行审视和创新，以反映其审美追求和人文观念。

第三节　翻译的准备与过程

一、译前准备

好的开端是成功的一半，翻译作为一项较为复杂的实践活动，其前期准备和过程是同样重要的。

（一）了解翻译文本及作者

1. 文本分析

翻译前的文本分析应该说是翻译的第一步工作，要分析文本的体裁。例如，纪实文学是指借助个人体验方式（亲历、采访等）或使用历史文献（日记、书信、档案、新闻报道等），以非虚构方式反映现实生活或历史中的真实人物与真实事件的文学作品，包括报告文学、历史纪实、回忆录、传记等多种文体。纪实文学存在的目的是希望通过精妙的语言、独特的叙述方式以及丰富的故事情节，将作品中展现的大量事实复现、再现和表现出来，因而纪实文学既具有实用性，又具有审美性。故在翻译时需考虑其社会性、文化性、文学性和简洁性，将源语文本中的语言文字和社交因素合理地体现在译文中。经济文本是非文学翻译中的一部分，经济文本翻译的主要目的是向目的语读者准确传达原文本想要表达的真实含义。非文学文本的翻译就需要译者可以透彻地理解原文，并且用目标语读者可以完全理解与接收的话语去表达原文本的意思。

对于文本的分析可以从文本外因素和文本内因素两个方面展开。

文本外因素包含发送者、发送者的意图、受众、媒介、交际时间、交际地点、交际动机、文本功能。文本发送者是某人或某机构，他们利用文本向某些人传递某种信息或产生一定效果。就文本类型而言，德国学者凯瑟琳娜·赖斯将文本按照交际功能分成了“信息型文本、表情型文本、操作型文本和视听型文本”四大类。翻译中要关注原文的实际内容，在翻译过程中要立足于文本的真实性，并展现文章的审美性。

文本内因素包括文本题材、文本内容、预设、文本构成、非语言成分、词汇、句型结构和超音段特征。例如，我们对纪实文学的文本内因素可以从语言、句法和篇章三个方面详述。语言方面：①常见词汇、口语化词汇使用多，生僻词、复杂词使用少。②长短句糅合出现。句子种类以陈述句为主，而长句中插入语和从句使用较多，插入成分多为短语或者小短句，除补充必要信息外，也可体现作者情感。在翻译这些句子时需要在把握句义的基础上，保留原文作者的写作风格，凸显作者的感情色彩，传递出原作的语言特点和文体风格，并保持翻译的连贯性。③修辞体现较多。修辞可以增加文章的文学性，也可起到强调作用。文本如何将语义不明晰、含有作者感情色彩的语句以及含有修辞的内容转化为目的语的表达习惯，在保证译文“信”的基础上，尽量据实传递原文信息，展现原文语篇风格，既保证译文的准确性，又兼顾译文的可读性，保证译文读者获得与原文读者同样的阅读体验，达到语言语用方面的等值，是需要反复斟酌的。东西方社交文化背景有较大区别，主要体现在文化和宗教内容上。

再如，对经济文本内因素的分析，可以从文本体裁、非语言成分、词汇、句法、语态、篇章结构等方面进行。从文本体裁上来看，与文学翻译不同，经济文本的翻译最重要的就是向读者传递信息，将源语文本的内容准确无误地呈现出来。一般在此类翻译中，译者不需要使用太多的修辞方法，因为此类文本的内容大多都为客观事实类的信息以及专业术语，但需要译者具有缜密的逻辑思维，能够清晰地对原文本进行分析。因此在进行翻译实践时，要时刻谨记经济文本的文体特征，保持译文与原文风格相一致。从非语言成分看，翻译实践文本中有大量图表等副文本内容，以对文本内容进行更直观的展示与说明，同时也使读者能够更加透彻地理解文本所列条目的深层含义。因此，在翻译时要将图表信息全部译出，一则图表可以更为清晰地展示原文论据，二则图表相较于文字更有说服力，同时也可以更加准确地反映原文所述观点。从篇章结构来看，在阅读过源语文本后，发现经济文本在上下文的字里行间中存在着大量的逻辑衔接词，因此文本的篇章具有很强的逻辑性。

在处理该类篇章时，需对复杂的语篇结构抽丝剥茧，厘清内部的逻辑关系，力求译文能够条理清晰、符合逻辑。译者作为跨语言交流中的桥梁，首先要做的就是对文本的词汇特征进行分析。经济文本中含有大量的专业术语，但译者往往对该专业的专业知识知之甚少，这就需要在分析词汇的过程中通过平行文本做横向对。同时进行必要的查询，对文本的词汇特征以及专业术语做出总结，避免重复查找造成不必要的困扰。专业表达以及复杂的句式结构增添了翻译的难度，在翻译时要通过具体的话语意义明确隐藏在概念意义之下的内涵意义。同时，在翻译实践的过程中，可以借助相关理论更好地解释话语的弦外之音，解读其内涵意义。由于经济类文本主要是阐述客观信息，没有太多的主观色彩，因此源语文本大多使用的是被动语态。

2. 了解作者

要想了解作者，需要弄清楚他的生活时代、政治态度、社会背景、创作意图、个人风格等。比如，若要翻译一名作家的一篇小说，为了获得有关作者的一些基本信息，可以阅读作者自己的传记、回忆录，或者别人写的评传，或者研读文学史、百科全书、知识词典等。

3. 了解相关背景知识与超语言知识

背景知识是指与作品的创作、传播及与作品内容有关的知识。超语言知识按语言学的定义指交际的环境、文章描述的环境及交际的参加者等。两个概念的外延合起来大约涵盖了前辈翻译家所说的“杂学”。具体来说，背景知识与超语言知识包括以下几个方面的内容。

①作品产生的背景。小而言之，作品产生的背景指作者创作的时间、地点、动机、心态、创作经历等；大而言之，则要包括源语的整个文化状态。

②事件发生的背景，即文学作品的故事情节发生、发展的背景，也有大小之分、真实与虚构之分。

③专业知识。翻译某个学科、某个专业的作品，就应具备该学科、该专业的基础知识，这是翻译的起码要求。

④常识。有的知识算不上专业知识，只是源语文化中的常识，但在翻译过程中却不可掉以轻心。

⑤作品传播知识。即原作成书后的传播情况，如版本、评注、译文及社会效益等。

掌握背景知识与超语言知识对语言、逻辑、艺术和主题分析等都具有十分重要的意义。我们知道，任何一部作品都是一定历史条件下的产物，所以译者对于有关作品反映的年代以及有关国家、人民的文化、社会、宗教、政治、历史、地理、风俗等也要略知一二，这时可以浏览一些关于国家概况、游记的书籍和期刊。

4. 了解作者的创作手法

为了准确了解作者，至少应该阅读作者的代表作，从中体会作者的思想倾向、创作手法、表述特点等，尤其是翻译的一些经典作品，也要选读作者的其他作品，这样对作者的理解就会更深刻一些。

5. 了解作者的语言风格

了解作者的语言风格也是十分重要的，译者可以试读若干段落，琢磨语篇的修辞特点和行文的特色，初步接触作者运笔表意的特异之处，对自己翻译时会有较大的参考价值。

（二）翻译计划的制订

制订翻译计划有助于有秩序地安排翻译实践的进度，保障翻译任务的顺利进行。首先，在确定翻译文本之后进行试译，并将该过程中遇到的翻译重点、难点及问题进行总结，确定翻译的主题。在经过相关人员的审核，并根据相关意见进行修改后，完成开题报告的撰写。继续熟悉原文本，在对文本有了进一步的理解后查阅相关资料，充实相关背景知识，规范术语表达，为下一阶段做好准备。其次，对所选取文本进行初译，每日制定翻译计划，在规定时间内完成计划的翻译量。在初译过程中，为了更好地提升翻译质量，译者可以准备有关领域的书籍以及平行文本，有助于提升在相关领域的知识储备。最后，对译文中存在的问题与错误进行标记并修改，将在翻译过程中遇到的重要问题进行分类，构建翻译框架。在此之后对译稿进行进一步的修饰及润色，并开始着手于框架的撰写。

（三）翻译工具的准备

“工欲善其事，必先利其器。”在翻译工作开始之前，必须先做好充分且详细的译前准备。对于译者来说，准备好翻译工具是不可或缺的。翻译工具能够帮助译者解决很多翻译过程中的困难。

对于专业类的翻译，要准备行业领域内相关的书籍作为平行文本，补充相关方面的知识理论。查阅相关专业方面的书籍和网站，对要翻译的文章有更好的了解。

在翻译工具方面，可以查阅多本权威词典，如陆谷孙主编的《英汉大词典》、外语教学与研究出版社出版的《朗文当代高级词典》《牛津高阶英汉双解词典》（第八版）、《柯林斯英汉双解学习词典》（第八版）等；还可以查询朗文词典、有道词典等电子词典来辅助翻译。同时，也可查阅一部分语法书籍，以此来解决在翻译过程中遇到的复杂句法。

译者还可以浏览百度百科、维基百科、中国知网等相关网站，对专业术语和相关知识进行专门学习，以提高译文的准确度。借助网络资源解决问题，为翻译实践提供帮助。

译者还可以查阅相关翻译理论书籍，主要有芒迪的《翻译学导论：理论与实践》、李长栓的《非文学翻译理论与实践》、叶子南的《高级英汉翻译理论与实践》、刘宓庆的《新编当代翻译理论》等。通过阅读这些翻译理论书籍，译者更深刻、更透彻地理解翻译理论和技巧，这些都会对接下来的翻译起到很好的指导作用。

（四）翻译理论的准备

理论是指导实践的基础，翻译活动也要在理论指导下进行。根据文本特点和翻译要求，译者要选用适当的翻译理论作为翻译活动的指导理论。

例如，选取目的论理论。这种理论源于希腊的“Skopos”一词，意为“目的”“意图”。该翻译理论是由德国翻译理论家汉斯·弗米尔于 1978 年首次提出的。目的论的核心概念是：无论何种翻译，其最高规则都是“目的准则”。在翻译过程中，应遵循三大法则，即目的原则、连贯原则和忠实原则。其中，目的原则是首要原则，即翻译行为由翻译目的所决定。翻译行为的目的包含了三个层次：译者的目的、译文的交际目的以及使用特殊翻译手段所要达到的目的。一般来讲，翻译行为所需要达到的目的决定着整个翻译的过程，其中包括翻译方法和翻译策略的选择。目的原则的核心是译文的交际目的，即译文在译人语社会文化语境中对译入语读者产生的交际功能。连贯性原则是指译文必须符合语内连贯的标准，也就是说译文要具有可读性和可接受性，能够使译文读者理解，并且在译入语文化和使用译文的交际语境中有意义。忠实性原则又称“语际连贯”，是指译文应该忠实于原文，译文文本与原文文本应该保持一致，但忠实的程度和形式则取决于译文的目的和译者对原文的理解。总之，目的原则、连贯性原则、忠实性原则是翻译目的论的基本原则，其中目的原则是目的论的首要原则和核心，连贯原则和忠实原则都要服从于目的原则。

又如选用语用学理论作为翻译理论，为了使译文更加符合特定语言环境下的交际作用，更符合译人语读者的阅读习惯，译者要在翻译前对所涉猎领域的专业知识进行学习，同时通过阅读语用学以及语言学的相关理论知识以提升译者的知识储备，为控制翻译文本质量做准备。首先，译者针对所翻译的文本，在翻译之前，对文本的相关特点以及翻译技巧及策略要有宏观的了解。同时，对相关理论书籍进行学习，以保证在翻译的整个过程中严格遵循翻译标准及原则。其次，在翻译过程中进行语言的转换，某些词语在特定语言环境下若遵循原文形式进行翻译，会出现词语表面的指称含义与其深层次的言内意义不一致的问题。作为两种语言沟通的媒介，在翻译时要译出原文作者的意图，使目的语读者易于理解与接受。语用学正是研究交际者在特定交际情境中传达和理解的意义以及理解和传达的过程，因此在翻译过程中要引入语用学的概念。根据原文的具体语境、交际者、社会文化因素等分析词语所蕴含的特殊含义以及所蕴含的意图，从而达到语用意义上的等值。在翻译的过程中应抛开原文形式的干扰与束缚，追求深层次的对等，把握翻译语言之间的差异与统一，使跨文化、跨语言交际获得成功。译者不仅要考虑文本发送者的意图，同时也应考虑译文是否能够实现其交际意义，译文的接受者是否能够获得与原文读者相同的理解。在翻译时通过适当调整句法及同汇，紧扣信息主旨，不受话语表面意思的束缚和局限，最大限度地实现文本的交际意义，传递原文信息。

（五）翻译策略的选择

各种专业性的翻译在我国已经有一定的研究。就翻译应该遵循的原则而言，有学者认为，翻译应该以读者为目的，译者应该考虑读者的心理需要、阅读习惯、思维方式、接受能力等。也有学者认为译者应该尽可能地尊重原文本，并且调整译文以符合目的语的表达习惯及读者的阅读习惯。另外，一些无关或意义不大的细节可以省去，以突出翻译文本的重点，使译文更加简练。也有学者认为翻译应遵循的原则是“快、准、省”。

翻译策略方面，林小斧认为翻译策略的选择不应该是非此即彼，翻译中不可能使用一种方法。胡卫平、章磊指出，翻译过程中译者应该尊重原作者的观点及原作的风格及文化，以异化为主。钱叶萍、王银泉对比了归化和异化策略，认为在翻译时不应该只采取其中一种策略。很多译者提出了直译、意译、增译、省译、词类转换等翻译方法。廖志勤指出，翻译标题时可以采取增译、省译、直译，使标题更加精炼，具有内涵，吸引读者注意。

翻译策略和翻译方法的选择是由翻译目的所决定的，翻译策略和翻译方法是实现翻译目标的具体手段。因此，译者可以首先选定翻译目的论为理论基础，然后在此基础上采取相关翻译策略和翻译方法，如意译、直译、增译、省译、调整语序法、拆分法、合并法等，以求使译入语的语言真实、准确，减少译入语读者阅读过程中的障碍和理解偏差。

二、翻译过程

在制定好完善的翻译计划后，根据进度安排，开始着手于具体的翻译工作。第一阶段，对文本进行初译。首先熟悉原文本中的内容，把握文本风格，归纳文本类型的典型特征。初译时，将忠实原文放在首位，所用的翻译方法大部分为直译，在翻译过程中严格按照翻译计划保证翻译进度，之后将晦涩难懂、不通顺的地方进行标注，并进行整理和汇总，这样有助于提高翻译效率，也能更有针对性地发现翻译中所遇到的重难点问题。

第二阶段，对译文进行修改。在将初稿以及原文进行对照之后，进行进一步翻译。在此过程中，可以发现译文中存在多处语句不通顺以及翻译腔的问题。例如，对于经济文本的翻译，虽然经济文本属于非文学类文本，此类文本大多只需要直译，但由于源语和目的语两种语言存在各方面的差异，因此在翻译时需要结合具体语境进行分析，只有两种语言的读者都能对文本有同等程度的理解，“译文措辞通顺自然，内容传神达意，读者反应相似”，才达到了翻译的标准。在此阶段，对存在问题的译文以及复杂的句式结构进行分析和查找，通过翻译工具的辅助对译文进行校对和检查。

第三阶段，对译文进行润色。仔细推敲句子结构，规范语言，使译文具有更高的可读性。由于源语文本为经济文本，专业性较强，通过借助网络资源及相关书籍，结合相关背景对译文进行进一步的打磨及修改。在此阶段整合翻译中的重难点，通过寻求各种帮助找出解决方法，为翻译打下基础。

翻译活动是一项复杂的思维活动，翻译的过程是正确理解原文和创造性地利用另一种语言再现原文的过程，大体上可以分为阅读、理解、表达三个阶段。

（一）阅读

阅读是从文字中获得知识的一种方法，但获得了知识并不等于我们理解了知识，因此要留意区分阅读与理解。例如在英语测验中，有一种题目“阅读理解”，而非“阅读”。我们要知道，在翻译之前，译者的阅读与一般的阅读是不同的。我们在获得被译文献时，应先把被译的文献全部读完，然后再加以分析，理解其内容和本质。只有对所翻译的文献内容有深刻的认识，才能准确地掌握宏观语境，在较大的语境背景下准确地理解每一句话的含义。

（二）理解

翻译过程中，理解与阅读是不同的。读者在阅读时，会受到自己能力的限制，对原文的理解力会有所偏差，但这并不重要，因为这是我们自己的事，不会影响别人。然而，译者却要对原作的思想进行深入的了解，如果对原作的理解有一点点的偏离，那么，就会造成实际翻译工作的失误，甚至是错误的翻译，所以，了解原文很重要。如果译者不能深入了解或者理解原文，那么就没有了翻译资格。

1. 准确透彻地理解

理解是翻译活动的根本，如果没有准确透彻地了解原文，就无法达到翻译的目的。每一篇文章都有一个概括性的主题，因此，要理解原文，首先要阅读全文，了解全文的主旨和语篇结构，不要一看就一句一句地翻译。在掌握了文章的基本知识后，重点是对那些难度较大的句子和段落进行分析，这需要译者认真分析词义、分析语法、明晰各个部分的联系。正确的认识不能只停留在表象上，而是要从表象中把握事物的实质。一门语言为了传达某种想法，总是要使用一些词语、采取一些表现方式来传达某种想法。理解不能只从字面上来，有时候，表面上看起来一样，其实意义不同。如果译者不能理解其中的意思，不能理解原文中所暗含的意思，不能理解原文作者所要表达的弦外之音，那么译文读者就更无法准确地懂得译作的真正意思了。

2. 依靠上下文进行理解

认真阅读上下文，才能在一定的语言环境中理解得深刻透彻。从语言学观点看，孤立的一个单词、短语或句子看不出它是什么意思，我们必须把它放在具体的语言环境中，有一定的上下文才能确定它的正确意义。理解主要通过对原文的上下文来进行，译者必须从上下文的关系中来探求正确的译法，所谓原文中的上下文可以是指一个句子、一个段落，也可以是指一节、一章乃至全文或全书。对原文做透彻的理解是确切翻译的基础和关键。为了透彻理解原文，必须理解所译原文的语言现象（词汇的含义、句法结构和惯用法），理解原文与上下文的逻辑关系以及理解原文所涉及的事物及其背景。

3. 依靠广博的知识加深理解

人类的所有行为都会受到历史环境的影响和限制，因此，人们不会用一种空洞的思维方式来理解任何事情，而应该通过自己的思维和知识来主动地参与。所以，翻译工作者要全面地了解原文，就必须掌握大量的知识，也就是所谓的“杂学”。从天文地理到各个国家的风俗习惯，译者都要看一遍。

（三）表达

在对原文进行阅读和理解之后，接下来要做的就是表达。在此我们要澄清一个事实，理解正确并不代表能够正确地表达出来，正确地理解原文是先决条件，但是翻译的好坏取决于翻译的表达方式。所谓“表达”，就是指在翻译过程中，将其从原文本中了解到的东西用其他语言加以再现。

翻译中表达形式的优劣与译者对原文的理解的广度和深度有关，也与译者的文化修养有关。理解是先决条件，表达是关键，而表达则是理解的成果。在语言表达上应遵循三个基本原则：①要保留原意；②要保留原文的文体特征；③要与译文的习惯相适应。这三方面工作的好坏将直接影响到翻译的质量。所以，在整个翻译过程中，表达是非常重要的。

三、译后事项

译后工作主要是校对译文，包括自我校对、同伴校对等，以实现对译文的优化调整。自我审校一直贯穿于整个翻译过程中，首先是基础修正，包括对标点符号、错别字等极易被忽视的错误的修正；其次是对用词和长难句翻译顺序进行润色和调整，避免“翻译腔”的出现；最后是从语篇整体进行把握，时刻注意语体特征。由于自我校对难免会疏忽，存在一定的主观性和局限性，所以在全文翻译之后要请同伴进行校对。同伴从目的语接受者的角度对译文进行校对，对行文过程中不适当的地方做标记，并提出翻译意见。译者自己据此进一步修正优化译文。

第四节　翻译的价值与目的

一、翻译的价值

（一）翻译的社会价值

翻译的社会价值是伴随着时代的变迁与发展而存在的。翻译的社会价值主要表现在其对社会交流和发展的促进上，而其社会价值又依赖其社会性质。另外，翻译对国家精神、国人思维的深刻影响也是其社会价值所在。翻译可以促进民族精神的形成，也是对语言进行的再次创造，可以改变人们的思维模式。

（二）翻译的美学价值

翻译实践中的任何一部佳品都体现着译者对美的追求和美的价值呈现。

①翻译家许渊冲认为：求真是低要求，求美才是高要求。

②对于严复的“信”“达”“雅”中的“雅”字，现代翻译学家赋予其新的含义就是要求译文应该具有美学价值。

就翻译本身而言，它不仅是单纯地对语言进行转换的过程，也是移植到译文中的一种审美和创造美的过程。翻译的美学价值体现了人们对美的追求。

（三）翻译的文化价值

当前，人们对翻译的认识和理解正在逐步加深和提升，因此，翻译的文化价值也受到了人们的关注。翻译是由于人们之间沟通与交流的需求而产生的。一个国家或个人的语言文化价值观念也会影响到他们对待其他语言文化的态度，译者要意识到翻译的文化价值。

（四）翻译的创造价值

翻译的创造价值具体可以体现在以下三个层面。

①从社会层面而言，翻译作为一种以交流为基础的社会活动，同时也为译者创造力的发挥奠定了基础。

②从语言层面而言，为了真正导入新的事物、观念和思路，文学语言艺术的翻译就是在源语的基础上对语言符号进行转换并创造的过程。

③从文化层面而言，翻译中导入的任何异质因素都具有创新性，蕴藏着一种求新求异的敢于打破自我封闭局限的创新精神。

（五）翻译的历史价值

从人类的历史长河中可以看出，任何一次重大的进步和发展都离不开翻译。但是，作为人类进行跨文化交流的一种行为，翻译本身就具有一定的历史局限性。

翻译的历史价值包括两个层面：①从人类的翻译实践出发，审视人类的历史发展过程；②从历史发展的视角审视翻译活动的内涵和扩展的可能性。

翻译实践中，译者必须对其历史局限性有一个清晰的认识，并从辩证角度去认识其局限性。

二、翻译的目的——实现文化的交流

翻译可以有科学的、宗教的、政治的和文化的等翻译目的。各民族语言在不同历史阶段的发展是不均衡的，因此，出现了“发达”与“落后”之别，而各民族的文化也因种种原因产生了天壤之别。任何一种文化都有其优秀文化，这些文化传承下来为世界文明发展做出了贡献。翻译工作的目的之一就是促使这些语言文化进行交流和融合，促进人类社会文明的发展和进步。

翻译促进了不同的文化的交流，也促进了人类的文明进步。所以，现在光谈文化交流是远远不够的，应该把文化融合起来。我们经常说，经济是基础，而文化属于上层建筑。任何严肃认真的翻译活动，在客观上都是一种文化交流，而这种交流必然会导致不同的文化交融。

随着世界越来越小，人们广泛交流的可能性越来越大，翻译需要越来越多，翻译人员的数量越来越多，对翻译的质量要求也越来越高。谈到翻译的品质，也就是所谓的“标准”，中国的译者通常会想到“信、达、雅”和“等值”。

语言是人类交流的手段，但语言的差异很明显地给人类的交流带来了难度。人们已经认识到，各个种族之间的语言差异阻碍了人类社会的发展，因此人们花费大量的时间来学习其他国家的语言。即便这样，由于语言上的缺陷，很多珍贵的资产并未得到充分的利用。如果人们将学习其他国家的语言的时间用在其知识上，那么，人类的精神财富就会得到充分的利用，人类的文明就会得到更大的发展。

第二章　英语翻译相关理论

现代英语翻译离不开英语翻译相关理论的指导，只有在研究和学习翻译相关理论的基础上才能实现英语翻译实践，了解英语语言学习的认知心理过程，探索英语翻译的规律。本章分为心理语言学理论、语用学翻译理论、对比语言学理论、模糊语言学理论四个部分。

第一节　心理语言学理论

一、心理语言学概述

心理语言学是心理学的分支学科，主要探究人类如何获取、理解并生成语言。它是从心理发展的过程以及心理生成机制的角度来研究人类语言的特点。心理语言学主要围绕两个方向进行研究，包括行为主义的研究方向和认知心理学的研究方向。20 世纪 50 年代，心理语言学主要是受到行为主义心理学和描写主义语言学两个理论的影响。随着乔姆斯基的转换生成语法的盛行，以米勒为代表的心理学家将转换生成语法的理论融入心理语言的研究中。之后受到实验心理学的影响，人们逐渐从乔姆斯基的转换生成语法过渡到用实验探索贴近现实的心理语言，并通过这些实验从不同方面对学习者的交际行为进行深入研究。

（一）心理语言学的产生

心理语言学的萌芽时期是在 19 世纪末到 20 世纪初。德国心理学家威廉·冯特创建了世界上第一个心理学实验室，研究心理现象及其产生的因素。

这一时期德国生物学家埃德尔曼记载了儿童语言发展的过程，学者们开始研究儿童语言习得和儿童心理现象，其中，美国人类学家法兰兹·鲍亚士研究心理学和语言学的融合。20 世纪 30 年代末 40 年代初出现了“心理的语言学”“心理语言学”“语言心理学”等术语，这些都为心理语言学的产生奠定了基础。20 世纪 50 年代以后，“心理语言学”逐步被广泛采纳。这一切都为20世纪的心理语言学或语言心理学的学科建设打下了坚实的理论基础。虽然这一阶段的心理学家致力于揭示人类的心理特征，但很多语言学家也将注意力集中在语言本质上，把语言学和心理学结合起来是时代的客观需要。1953 年在美国印第安纳大学召开了“心理语言学研讨会”，此次会议正式采纳了“心理语言学”这个术语，从此一门独立的分支学科便诞生了。

（二）心理语言学的发展

心理语言学的发展大致经历了三个阶段：早期研究时期、重大突破时期和跨学科发展时期。第一个阶段的研究内容是儿童语言习得和儿童心理，库斯谟开创了新的研究——新生儿心理生活的研究和实验。这一阶段的《心理语言学：理论和研究问题的概观》成为心理语言学的宪章。第二个阶段心理语言学研究获得了重大突破，乔姆斯基提出了转换生成论，他认为语言理论应当阐释人类语言中所蕴含的知识，并着重于对其进行创造性的探讨。他还提出了“语言习得机制”，这是儿童大脑中天生的。第三个阶段是心理语言学的跨学科发展，它的研究重心由表面结构、言语行为向底层结构和认知结构转变，同时也受到了认知心理学尤其是人工智能的影响。在语言理解和知识表征方面，人工智能对心理语言学产生了重大的影响，人们对句法结构也重新产生了研究兴趣。

二、心理语言学理论下的翻译

（一）语言记忆与翻译心理

翻译通过对人类大脑的思考过程和规律的探索，为构建相应的认知心理模型提供了理论依据。过去，基于语言学理论的模型难以准确地描述翻译的性质，也很少涉及翻译的思维过程，因此与单语的理解和接受没有太大的不同。

1. 人类信息处理模式

人类信息处理模式应当包括以下特点：①感官接收到并传递给大脑的感觉刺激是无序的，而不是有组织的。②处理系统能够把输入的连续刺激转化为无联系的信息单位。③即使是降级的或歧义的刺激也能进行处理。④本身不具有意义的信号一旦被接收到就能转化为有意义的信息。⑤能够很容易、很精确地对大量信息进行处理。

信息处理过程有三个明显的阶段，每个阶段都与某一存储系统相联系。但是真实的信息处理过程并非一个单向的自下而上的过程，而翻译过程模式就是这一处理模式的例子。

2. 知识的存储和获取

知识包括事实知识和程序知识。事实知识是指我们所知道的事物，是能够通过感官接受的知识。程序知识是指知道如何做某事，是在我们的意识之外的。翻译似乎主要需要的是程序知识。我们可以通过模式把译者个人的、私有的程序知识转化为普遍的、公开的程序知识，即把这种内在系统进行外化处理。

另外，知识的类型化也非常重要。如果没有知识类型化的能力，我们就不能对实体进行辨识，也不能与他人交流，因为双方缺乏共同基础来交流各自的经验。这种类型化的知识又可分为两种：一是典型，即从经验中得来的关于某个实体的一系列特征；二是原型，即储存在记忆中的理想类型。

3. 记忆

记忆的结构和功能可分为两大类，即情节记忆和概念记忆。情节记忆是对自身经验的记录，因此是具体的，与环境相联系的。概念记忆也称为语义记忆或指称记忆，反映的是知识组织形式，即事件和情境的结构。

不管信息是以情节记忆还是概念记忆储存在记忆中，必须得有某种途径来提取信息。输入的信息通过编码，被置于数据库中恰当的位置，并把新信息与旧信息结合起来，形成概念单位的一部分。然而，提取信息的过程并不是把这个过程颠倒过来就行了。我们可以借助数据库本身和提取系统来提取相关信息。

4. 文本转换

考虑到翻译活动和翻译过程的多样性，还需要译者具备以下文本转换能力，比如书面—书面（最为常见）、书面—口头（如视译）、口头—书面（如连续口译前的记录）、口头—口头（如同声传译）等。翻译过程中会同时进行读写或听说活动，文本转换的翻译活动受到以下三方面的限制。①任务，即译者所要做的工作和所要完成该工作的背景。②文本，即原文的语言和语篇结构。③译者，即译者的语言知识和技能。这些限制构成对翻译过程产生作用的输入环境，而由于每个行为者认知资源的差异，这种输入环境的影响也不尽相同。比如，"任务"的完成是有严格时限的，但是，口译与笔译的时限是有区别的。笔译的时限相对宽松，译者有足够的时间来分析原文，甚至可以在谈判中延长时限，而口译人员必须对每个句子都做出回应。原则上，笔译工作者在做出最优的选择之前，可以充分斟酌并权衡利弊，然而，口译工作者别无选择。文本的词语与风格对于译者的限制则更进一步。如果说单语交际中的听与读是为了理解，双语交际中译者的听与读则是为了翻译，虽然二者都以获得信息为主，但对于前者，获取信息为第一要义，对于后者，则要分析出信息中影响翻译活动的因素，并将其如实呈现在译文之中。单语交际者主要关注某个词语，当然双语交际者也可如此，不过他更关心这种表达法在翻译时是否棘手，是否能够处理得好。

单语信息接收者与双语信息接收者的角色亦不相同。前者以信息发出者为取向，关注发话人的信息，以便做出某种回应；而后者以信息接收者为取向，其关注发话人信息的目的是将信息传播给译文的接收者，而不是由自己来做出回应。译者们认为自己在理解原文时需尽可能自我克制，才能最大限度地满足和尊重译文读者的期望。在单语口头交际中，应答语与发话语相同，且通常风格也相似，但语义内容不同，句子结构与语用意图也不同。而翻译恰好相反：首先，翻译使用的是与发话语不同的译文语言；其次，保留了与原文相同的语义内容，尽管信息内容在转换时不可避免地有所调整改变，翻译过程模式不仅必须体现普通交际的所有特点，而且还需包含翻译活动独具的特征成分，特别是翻译问题的识别与解决问题的策略。翻译过程不是直线型或圆周式地从源语文本到译语文本，而是经历不断修正、循环往复的一系列阶段。

（二）语言感知与翻译心理

语言的感知虽然也包括书面语言的辨认，但是其主要的研究都集中在语言听辨的研究上，语言感知是语言加工初期最重要的一个过程，因为若要理解所接受的语言输入，首先要将输入的声学或者视觉信号转换成为语言符号。日常交流中的语言因人而异，因语境、情境而异，此外，还受外部噪声的干扰，但是人们却能够将所接收的声学信号与语言符号匹配起来，为正确理解语言奠定基础。

1. 感觉记忆与翻译心理

感觉记忆又称感觉记录器或感觉储存器。一般认为感觉记忆由两种记忆组成。一种是图像或视觉记忆，另一种是声音记忆。当外部刺激直接作用于人类感觉器官并产生感觉像后，即使不再有刺激，感觉像仍可以以各种声音、图像、文字等原始的、未经加工的形式在人的记忆里保持极短的时间。感觉记忆是信息加工的第一个阶段，对译者的短时记忆加工质量与数量、源语理解等都会产生重要的影响。无论是从与笔译密切相关的视觉记忆来看，还是从与口译密切相关的听觉记忆来看，感觉记忆对双语翻译都极其重要。

2. 知觉和翻译心理

知觉一直是心理学研究的重要领域，认知心理学的兴起使人们对知觉的实质和过程的认识发生了变化。认知理论对知觉的一个基本假设是，知觉是一个包含复杂过程的心理操作。

知觉对翻译过程的启示主要表现在：第一，尽管环境刺激是翻译过程的前提条件，但是离开人脑的内部加工过程，环境刺激将会推动被感知的可能，而仅仅保留原有的物理特征；第二，环境刺激与内部加工不是各自孤立进行的，其间应存在一种互为条件、相互作用的互动关系；第三，直接知觉论强调输入信息加工的自下而上的驱动方式，而间接知觉论则强调信息加工的自下而上和自上而下兼而有之；第四，间接知觉理论认为，知觉有记忆和内部表征的参与。

（三）语言理解与翻译心理

语言理解分为语言识别、句子理解和语篇理解三个层面。

1. 语言识别

语言的识别是语言理解的初级水平，它指言语交际者通过知觉加工，对以听觉或视觉呈现的语言刺激进行初步编码的过程。语言识别可反映语言交际者的感觉、知觉加工的能力或水平，它是实现语言理解的必经阶段，并为语言理解提供了必备的基础。

2. 句子理解

首先是句法分析，这是一个将表层结构的句子成分赋予语言范畴的过程。由于处理资源上的限制，我们不能等听完句子才开始句法分析。句法分析有两大对立的理论：模块论和互动论。模块论认为，我们听到的每一个词首先激活句法处理方面的策略，这些策略使得我们更容易将听到或看到的词附在最近的句子成分上，而不是前面的某个句子成分上，或重新构建一个成分。互动论是强调我们同时使用所有可能的知识来理解句子，包括词汇知识、语篇上下文的因素、上下文中的句子理解。我们使用句子中的上下文和非言语语境，并参照各种语言使用的规约来理解句子。我们使用隐喻来传递难以表达的意念和感受，使用间接言语行为来表示有礼貌的请求。我们首先考虑并拒绝句子的字面意义，然后使用一些交际规约来建立说话人打算要表达的意义。

3. 语篇理解

衔接与连贯是语篇特征的重要内容。任何语篇都存在多层次的语义联系。语义连贯的语篇有时是无形的衔接，有时是有形的衔接。这些隐形和显形的衔接形式增强了语篇语义的连贯性。理解语篇首先要理解语篇中句子之间的联系。句子有新信息，也有已知信息，所以要先确认句子中的新信息和已知信息，然后将新信息放在前置信息所确定的记忆位置上。如果找不到前置信息，那么我们在理解中不得不进行一些连接性的推理，如果前置信息太远，我们也就不得不重新引入前置信息。

（四）语言产生与翻译心理

1. 理论基础

在心理学家看来，语言生成就是人们利用语言表达其思想的心理活动或认知过程。在双向言语交际活动中，语言生成与语言理解密不可分、相互影响，进而构成“理解—生成—再理解—再生成”的不断交替、循环往复的心理过程。语言生成一般包括口头语言的生成和书面语言的生成，它们都是从意义到发出声音或写出文字、从内部表征转化为外部语言的过程。

语言的生成和语言的理解反映了人的语言心理活动的两个不同方面。语言生成表现的是说话人或作者把意义转变成声音或文字的心理过程，它包括造词、组织句法或语义等，人们经历的是思想深层向语言文字表层的转换。

2. 语言产生的心理模式

对于翻译语言生成，人们提出了“心理词典”的重要概念，它是指保存在人脑中的一部储存了大量词条、语法、语音及词义的“词典”。

“心理词典”的词语储存按照一定的规律记忆或提取，如按照使用频率排列检索。由于语言分为音位、语素、词、短语、句子五个层次，语言在头脑中存储的方式也有不同的层次，既可以语音、词语的形态表征，也可以句子、课文的形态表征。

“心理词典”储存的言语的语音属于声音表征，而文字符号属于影像表征。关于语言在大脑以何种方式表征，有的学者认为是以概念及命题的方式表征，有的学者认为是以表象或声音的方式表征，有的学者认为两种方式都存在。有学者猜测，双语人的两种语言功能代表区分别位于人脑两侧半球，然而这种假定被裂脑人语言功能区并不是分别位于不同的半球的事实推翻。也有研究者认为，两种语言的词语均储存在独立的词语系统中，但概念储存在两种语言共同的表达系统中。或许这是从出生就生活在理想的双语环境中的人的情况，但这种双语均衡发展的人很少见。

普通儿童通常生活在单一语言环境中，他们的语言认知过程是先有单词，后建立概念。大多数人在第一语言习得后，就在头脑左半球形成了建立在第一语言基础上的单词和概念的关系。他们在人生的某个阶段开始学习第二语言，对第二语言词语的学习采取有别于第一语言的记忆策略。西尔弗伯格等人的实验证实，以希伯来语为母语的儿童，对希伯来语的刺激词表现为左脑优势，当他们学习英语进入第二年时，对英语的刺激词却表现为右脑优势，学习英语第四年时，这种右脑优势下降，到第六年完全转化为左脑优势。这表明，普通儿童对第二语言的学习开始时是作为非语言材料储存在大脑右半球的，随着熟练程度增加最后与左脑的语言词库实现统一。

第二节　语用学翻译理论

一、语用学概述

（一）语用学的含义

语用学作为语言学研究的一个分支，是一门发展历史并不长的应用学科。语用学的研究最初仅限于哲学领域，由美国哲学家莫里斯于 1937 年提出。之后，以格赖斯为代表的语言学家用言语行为和会话含义理论奠定了语用学理论基础。此后，《语用学杂志》的正式出版标志着语用学成为一门独立的新兴学科，受到了众多语言学家的关注与研究。

关于语用学的定义众说纷纭，但根据各分支语用学的研究内容来看，都强调在具体语境中的言语运用，这是大同小异的。

列文森认为语用学研究的是语境对于语言在语法结构和编码过程的组织作用。这个定义强调语用学就是利用语境去进行话语理解的一个过程，这个过程是围绕着语法和言语编码的传递过程。

法索尔德和斯托纳克也强调语境的重要性，他们认为语用学是研究如何利用语境来推断言语意义以及对语境下的语言行为的研究。

语境的重要性之于语用学是毋庸置疑的，我国的语言学者对语用学的定义也同样是仁者见仁，智者见智。何兆熊教授提出，“语用学的基本概念有两个重点要把握——意义和语境”。何自然教授在《新编语言学概论》一书中也提出，“语用学研究如何用特定的话语去表达特定情境下的对话主题，让人们能深入话题理解话语的深层含义”。

以上所列举的关于语用学的定义仅仅是冰山一角，但研究具体语境下的话语生成和话语理解是具有共通性的。语言是一种音义结合的符号系统，语用学就是对语言这个符号系统进行重组改造的使用说明书。

（二）语用学的研究范围

语用学是内涵丰富、外延宽广的一门学科，其研究涉及了社会、文化、心理等多个领域。从语用学定义来看，它所研究的不是交际行为本身，也不是语言符号的象征意义，而是在交际过程中的语言文字运用问题。

语用学发展至今，已延伸出许多分支，拓宽了语用学的研究领域，其中的交际语用学与教学语用学，以其高度的实用价值在语用学的发展过程中熠熠生辉。

1. 交际语用学

交际语用学研究交际过程中的语言文字应用问题。学习交际语用学的目的是使人们在交际过程中语言表达得完善，能使表达效果由实用转化为艺术，更得体、恰当地让说话人与听话人在表达能力与理解能力上达到完美的统一。交际语用学提取了语用学的知识来扩展交际的教学研究，是一门集实用性、知识性于一体的学习理论。它的研究一方面涉及制约语言使用的前提条件，另一方面也确定了语言使用的具体规则和研究对象。从交际语用学的研究对象可以大致了解交际语用学所研究的范围。

一是研究交际中的语言表达材料。交际过程中，语言组织是否流畅、是否具有逻辑性或艺术性，就在于语言体系的构建是否合乎规律。语言由语音、词汇和语法三要素构成。其中语言表达材料就是指交际过程中所要运用的词汇。词汇是构成语言表达的建筑材料。要想使语言达到交际的目的，就要了解并且掌握交际的材料。这些材料是经过长时间的积累而成的，只有掌握了丰富的语言材料，才能更好地运用语言去构建交际语言体系，使每一个语言材料都运用得恰如其分。

二是研究交际中的语言表达形式。形式一词既可以指交际对象的本体特征，又可以指交际的方法。交际语用学用形式化的手段研究语言表达中关于交际语用的现象，其形式就是以对话展开的语言活动。对话语言是基于两者或两者以上的言语交谈，从对话中研究语言运用的规律。在面对面的交谈中，对话语言要尽可能完整、富有艺术性。在组织语言材料上不仅要做到悦耳动听，还要做到语言运用得自如流畅，体现出对话的情感真挚、语用的得体大方。正如在课堂教学中师生之间的对话交流，如果没有充沛的情感交流，就如同机器人的对话永远都是冷冰冰的，这样的对话就缺乏了真正的语用价值。

三是研究交际中的语言表达环境。语言学家列文森说："语用学研究语言使用者在具体语境中合理运用语言的能力。"交际语用学研究交际中的语言表达环境就是为了在交际教学中把握语言环境、利用语言环境、营造语言环境，使交际更加和谐顺畅，有助于改变交际无话可说的局面。

四是研究交际中的语用策略。语用行为的发生是由听说双方共同执行的，语用者的心态、语用艺术的熟练程度、语用行为的实施策略等因素都会直接影响交际语用的效果和质量。因此，为了提高人们的交际水平，就要研究交际过程中语用者的语用策略，从而让交际教学行之有效。

2. 教学语用学

作为一门崭新的学科，教学语用学的兴起意味着把语用学首次与语言教学联系在一起，这是具有实践意义的积极探索。李三福在《教学语用学原理》一书中把教学语用学定义为："教学语用学是把语用学的理论知识运用于教学实践的一门学科，它提供了更贴切于教学实践的理论和方法。"教学语用学适用于交际课堂教学是毋庸置疑的。

其一，教学语用学关注教学语言的得体使用。教师教学语言的得体性决定了师生之间能否进行平等、公正、公开的对话与交流。得体恰当的教学语言就是一门说话艺术，能有效地营造课堂氛围，提高教学效率。所以，在教师教学过程中要想让教学语言得体大方，就要做到：①教师教学语言的使用必须准确，既要符合语法规范，又要贴合具体语境，不能说"空话"，要说"实话"。比如教师在进行教学评价时，对待学优生和学困生的表扬和批评方式上就要有所区别。在进行表扬时，要避免学优生骄傲自满、扬扬得意的情绪的滋生。在进行批评时，还要注意学困生失落自卑、自暴自弃的心态的蔓延，多以鼓励为主。②教师的教学语言要真情实意，做到晓之以理、动之以情，使学生能感同身受，这样就能达到以情感人、以诚服人，增强教师在学生心目中的地位。相反，如果教师只会夸大其词，对学生虚情假意，对教学敷衍塞责，就会严重影响学生对教师的信任度。③教学话语要遵循一定的语用原则。有了语用原则的指导，教师话语的使用会更加得体，教师话语的信度与效度也会增加。

其二，教学语用学关注教学的对话理解。语言的传递就是为了进行信息交流，而理解就是语言传递成功的标准。教学语用学在某种程度上就是指在教学过程中教师和学生在沟通与交流上既能做到话语理解又能做到人际理解。就前者来说，教学语用学从说话人（教师或学生）和听话人（学生或教师）双重角色出发，研究特定语境下对教学话语的理解，强调了语境对话语理解的重要性。话语的内容决定了理解的程度，语境的辅助作用也能加深理解的效果。比如教师在说教学案例时，就不能偏离主题，要贴合实际，让学生深度分析、独立判断。人际关系是复杂多变的，和谐相处的前提就是要去理解对方。话语理解并不是简单地对说话内容进行理解，而是在话语中理解并形成共鸣，对精神世界的探索上升到对自我的认识、对他人的认识的一种哲学思考。在教学过程中如果能设身处地站在对方的角度思考问题，就更能让师生之间相互理解、自我理解和共同理解。

（三）语用学与翻译

翻译的目的在于通过翻译尽量还原原作，而译者在翻译时不仅要了解原文，还要注意其社会环境，注意其所传达的情感和意图，这与语用学的价值是一致的。

语用学是一门专门研究说话人想要传达什么信息的学科，它是一种特殊的基于上下文环境的研究。也就是说，语用研究离不开篇章，而翻译实质上就是篇章的翻译，因为篇章是语言内部环境中最大的一个层次。因此，语用学与翻译的目的是相通的，两者的目的都是把一种语言转换成另一种语言，需要树立语用学的翻译观。比如在翻译纪实类文本时，其文体倾向于写实、文学化，其目的在于使译者在阅读过程中能够得到与原文读者相同或相近的理解和感觉，能够正确地把握原文的内容和作者的情绪。

语用等效是语用翻译的核心，在两种语言语用比较中，译者要将译文作者的意图传达给目的语读者，以便读者理解和接受。语用语言等值是指译者在翻译过程中要全面掌握语言，挖掘文本的隐性意义，将译文以自然的方式传达给目的语读者，而非局限于语言的词语和语法，从而达到译文与原文的等效。社会语用等值需要在翻译时考虑到其所处的文化环境、社会环境、受众的认知环境，并运用适当的词语来传递语篇的大背景。

二、典型的语用翻译观

语用翻译学是语用学与翻译学交叉的产物，起源于国外，后传入我国。其中，国外的纽马克、贝尔、格特、奥希奇与国内的何自然、钱冠连、侯国金、曾文雄等学者的研究具有一定的代表性，且影响深远。以下将对国外、国内一些典型的语用翻译观进行回顾梳理。

（一）国外典型的语用翻译观

美国哲学家莫里斯研究了语言的使用与语言使用者的关系，拉开了国外语用学相关研究的帷幕。《语用学杂志》于 1997 年开始发行，标志着语用学的成立。语用学在其不断发展与完善过程中，也与一些学科相互渗透，其中语用翻译学就是语用学与翻译学借鉴交流的产物，语用学为翻译研究提供了理论的支撑与引导。

纽马克按照文本功能将文本分成了“表达型”“信息型”“呼唤型”三类。根据文本功能的不同，他提出了“语义翻译”“交际翻译”两种翻译手法，并且强调交际翻译时在语用上的等值。英国语言学家贝尔从认知的角度描述了两种语言间的翻译行为，指出翻译过程可分为分析和综合两个阶段，每个阶段包含了不同的操作领域，即句法、语义及语用三个方面。威尔逊的学生格特提出了关联论翻译观，并提出了相应的翻译模式。奥希奇汇编的《语用学与翻译》从多方面探讨了语用学对翻译实践的制约与影响，其涉及时间跨度大，有经典也有新作，既有翻译本体研究，也有跨学科的研究，对从事翻译研究教学的人员、高等院校师生以及其他相关学科的研究者均具有很大的借鉴和参考价值。在俄罗斯的语言翻译学派中，语用学翻译研究成为其研究的重点之一。

（二）国内典型的语用翻译观

国内语用翻译萌芽于20世纪60年代末，典型的研究成果是1969年赵元任在《哈佛亚洲研究杂志》上发表题为“Dimensions of Fidelity in Translation，with Special Reference to Chinese”的文章，后由王宗炎译为《译文忠实面面观》在《翻译通讯》上发表。赵元任在文章中探讨了语义和语境的关系，强调了语用和功能的对等。

国内语用学翻译理论研究兴起于20世纪80年代。代表性的研究成果主要有张亚非讨论等值的问题，指出双语之间的翻译要注意源语与译语的语言结构等值、语义等值和语用等值；曾宪才结合语义、语用、翻译阐释了语用学翻译观，这一观点与张亚非的语用学翻译观具有一定的相似之处。

国内语用学翻译理论研究蓬勃发展于20世纪90年代至今。其中何自然、钱冠连、侯国金、曾文雄等学者的相关研究成果具有一定的代表性。何自然提出了语用等效翻译的观点，并区分了“语言等效翻译”和“社交语用等效翻译”，并结合汉英、英汉的实例具体地提出了“语言等效翻译”的方法、“社交语用等效翻译”的方法，以及“语言等效和社交语用等效翻译”综合的翻译方法。钱冠连把语用学在翻译中的体现简括为“语用学翻译观”，并通过英译版本《红楼梦》中的相关语例进行论证。侯国金指出在某一语用学理论的指导下，对语用标志、语义语用模糊等语言现象进行研究，其研究的范围更加具体，为在语用翻译理论下进行具体研究提供了一种模式，具有一定的操作性。曾文雄从多角度对国内外语用翻译研究的相关理论成果进行了介绍，具有理论深度和广度，注重学术性、系统性、前沿性，兼顾理论建构性和批评性，具有较强的专业性和广泛的适用性。李占喜综合运用了关联理论、顺应理论、社会心理学理论来描述翻译过程的动态性，构建了“关联—顺应研究路向”的翻译过程，提出了“以译文读者为中心的认知和谐原则”“译文读者认知和谐的语用翻译策略选择原则”，指导译者选择合适的语用策略。

除此之外，黄国文、叶苗等学者都从不同角度、不同层次对语用翻译及相关理论进行了研究，并取得了一定成果。如今语用翻译理论已经成为翻译理论的重要组成部分之一，越来越多的学者开始关注语用翻译理论，研究、实践、补充和完善语用学翻译及相关理论。

三、语用学视野下的翻译

（一）指示语与翻译

指示语是一种普遍的语言现象，指“在不知其使用语境时就无法确定其所指语义的指示词或指示句”。指示语这一语言现象的存在充分说明了语言与语境之间的密切关系。指示语是语用研究中的一个重要问题，它反映了语言与其所处的环境密切相关。指示语是一种特殊的交际活动，尤其是在两个人的对话环境中，为了更好地理解人们所谈论的人、事、过程和活动，必须把它们和具体的语境因素联系起来。指示词是一种语言层次和语境层次的接口，用特定的词语来表达某一特定的事物，其意义要与语境相联系。在翻译指示语时，应从语境、说话者、受话者等几个角度，推测出所指的对象，并由此判断出所指的对象，并在此基础上，考虑到文化与社会的适应性。

（二）语用预设与翻译

语用学视角下的语用预设是指两个具有不同意义的命题间的一种关系。语用预设在翻译中起着举足轻重的作用。首先，翻译的成功与否和翻译的含义有着密切联系。从系统功能语言学的语境、语义、词汇语法三个方面来看，译者要从词汇的语法中获得语义，从语境中获得语义，然后从语境中选择词语。翻译过程中，译者利用关联思维获得语篇的关联，从而构建语篇的一致性，从而找到翻译的最佳文本。语用预设是指在言语交际过程中，使用者对上下语境的感知，这是与说话人的观念、态度和意图有关的前提。语用预设与上下文分析相结合，有助于读者准确理解原文的意思，避免在翻译过程中出现差错。

（三）会话含义理论与翻译

我们所说的话和我们说话的用意之间常有一定的距离，这种话语的用意就是“会话含义”。会话含义关注说话人说话的用意，是语用学的核心内容，在言语交际中起着十分重要的作用。听话人要懂得说话人的言下之意、弦外之音，要明白说话人到底是直言不讳，还是指桑骂槐或声东击西，这些都离不开语用学的指导，因为语用学正是研究特定语境中的话语意义的，它为言语交际中话语意义的恰当表达和准确的理解提供了理论、方法和一套应该遵从的原则和准则。

语言学家格赖斯提出了著名的会话含义理论，认为言语交际双方在使用语言时要遵守使用原则的四准则：量的准则、质的准则、关联准则及方式准则。每一个准则下又包含了一些次准则，主要概括如下。

量的准则指所提供的信息应是交际所需的，且不多不少。量的准则包含两个次准则：①所提供的话语应包含交际目的所需要的信息；②所提供的话语不应超出所需要的信息。

质的准则指所提供的信息应是真实的。质的准则包括两个次准则：①不要说自知虚假的话；②不要说缺乏足够证据的话。

关联准则指所提供的信息要有关联或相关。

方式准则指提供信息时要明白清楚。方式准则包括四个次准则：避免晦涩；避免歧义；要简练（避免啰唆）；要井井有条。

格赖斯提出语言使用原则的同时，他也指出人们在交际中也有不遵循原则的情况，当会话的一方违反使用原则下的某项准则时，会话的另一方察觉到后，就需要越过对方话语的表面信息，去推理说话人话语中所隐含的信息，体会出说话人的真实目的，也就是会话的含义。在言语交际中，交际的双方都应该遵循语言使用原则，在会话中要提供真实、量足、相关、简明的信息，这是格赖斯为人际交往设置的理想路径。在实际的人际交往中，交际双方并不一定遵循语言使用原则，当交际的一方违反语言使用原则中某条或多条准则后可能会产生会话含义，且与特定语境密切联系，会话含义的产生与具体的语境有关，也与违反准则有关。

人们说话时一般是遵循这四条准则的，但有时在交际中也会打破这些准则。格赖斯明确指出：反语、隐喻、夸张和弱言都是说话人有意违反会话的质量准则。使用修辞格的目的可以说是通过使用比较含蓄的语言来达到更加强烈的语气、更加生动的表达。尤其是隐喻，多年来一直是语言学家和翻译学家关注的一个焦点。

另外，还可利用会话含义中的合作原则解释文学文本和翻译的现象，特别是小说中对话的翻译。小说对话体现的是交际功能和语用意义，在翻译理解过程中，可以结合凯文森的新格赖斯会话含义理论来合理推导会话含义和理解说话人的互动，提供翻译的标准；可以采用增词，增加超语言信息及其他技巧来帮助标准语读者推导语用含义，如实再现原小说的对话场景。在口译过程中，合作原则可以建立讲话人—译者—听者的合作关系，确保交际双方成功交际，同时合作原则还可以作为口译质量的标尺。

总之，译者必须了解源语和译语之间的不同的语用原则，设法沟通双语的语用意义的差异，填补语用意义的空缺，使原文的合作原则与译文的合作原则一致。合作原则对言语交际有着一定的制约作用，一般情况下交际的双方都会遵守这一原则及相关准则，并且也希望对方能够遵守。相比起遵循的情况，人们关注更多的是违反合作原则的情况，当说话人故意违反合作原则的某一准则时，话语中就可能产生会话含义。

（四）言语行为理论与翻译

言语行为是一种非常有意义的语言现象。这一概念最早是由英国哲学家奥斯汀于 1950 年提出的。按照言语行为学的观点，我们是在进行一系列的行动，也就是“言内行为”“言外行为”“言后行为”。“言内行为”是指通过句法、单词和音位来表示词语、短语和句子的行为。“言外行为”是指在说出某种话语时，采取相应的行动来表达自己意愿的行为。“言后行为”是指由说话或说出的话所造成的结果或改变的一种行为，即说出某种语言而发生的行为。

奥斯汀将言语行为理论视为一种独立的语言表达意义的研究，塞尔将其提升为一种解释人类语言交流的理论。塞尔把语言看作一种有目的的行动，认为它受到了规则的约束。我们说话的时候，就是在遵循语言的规律，进行着不同的语言活动。

翻译是跨文化交际中的一种语言行为，它是一种复杂的语言行为，因此，译者应从文本中挖掘其“言外之力”，将其“弦外之音”用清晰或含蓄的方式传达给读者。言语行为说突破了结构主义对构造性规则的偏重，从而将解构主义的非理性批判重新回到理性的轨道，从而为翻译研究提供了恰当的语言学依据。而“表达”的可理解性、“命题真实性”等则是翻译多元化的理论基础。翻译时，译者应该把注意力集中在译文的目的和读者身上，不应该只局限于译文与原文之间的相等，而是要在语用和功能上实现对等。

语用等效翻译分为语用语言等效翻译和社交语用等效翻译。因为不同语言间的社交背景不同，为使目的语读者获得与原文读者一样的阅读体验，也需对一些目的语读者不熟悉甚至不了解的内容进行翻译补偿以及翻译转化。据此，我们需要树立语用等值的翻译观，注重语言使用时的话语意义，实现语言等值，以及注重不同文化和社交背景所呈现出的交际意义，实现社交等值。为了使目的语读者切实感受到原文想表达的内容，理解作者在特定话语中的真正意图，需要用语用等值原则来指导翻译，从而弥补两种语言和社交之间的差异。

1. 语言层面语用等值翻译

人类借助语言交流思想，传递文明。语言在人类的生产生活中扮演着举足轻重的角色。例如，在纪实文本翻译中，对语言的把握和处理尤为重要，既需准确理解原文，读懂原文内容及字里行间体现的思想，又要能准确有效地将其以译文的方式展现给目的语读者。由于语言运用等方面的差异，对该语言读者来说很容易理解的词义，在另一种语言中可能不存在一一对应的词语，这时就需要译者明晰词义，追求表达出与原文相似或一致的效果。

奈达提出“所谓翻译，就是从语义到文体（风格）在译语中用最接近、最自然的方式再现出原文的对等信息”，而作者的感情色彩可以通过行文中的语法结构等进行判断。修辞的使用在英汉双语中均非常常见，其既可让语言更具感染力，也可起到突出、强调事实及作者所思所感的作用。在实现语言层面语用等值方面，将重点讨论明晰单词词义、上下文的把握与统一、凸显作者情感色彩和再现修辞效果四部分内容。

（1）明晰单词词义

语言的模糊性客观存在于语言活动中，模糊性是人们认识中关于事物类属边界或性质状态方面的不明晰性、亦此亦彼性、非此非彼性，也就是中介过渡性。总的来说，一方面在语言活动中语言自身就存在模糊性，另一方面是人们的认知中存在对语言认识的有限性及不确定性，也有可能是作者刻意使用修辞等模糊语言营造氛围，所以语言模糊性是常见于语言活动中的。同时，唐玉凤认为语言的模糊性与明晰性共存于现实语言中，是一对矛盾体，既相互矛盾又相互依存。所以在翻译时，应结合语境理解原文中语言模糊处所要表达的含义，并恰当处理语言模糊性与明晰性之间的关系，将其明晰译出，使其便于目的语读者理解，实现语言层面的语用等值翻译。

【示例】In late September，Anker and Tate sent me a self video:two silverbacks on a ridge during a golden-hour hike.

译文：9 月下旬，安克和塔特给我发了一段自拍视频：他们两个登山运动的领军人物在山脊上非常愉快地徒步。

"silverback" 本指 "an older adult usually dominant male gorilla having gray or whitish hair on the back"，即成年居于领导地位的银背雄性大猩猩，此处不能对其进行直译处理，而是根据语境明晰其指代对象，指的就是安克和塔特二人。"golden-hour"的字面意思为"黄金时段"，如果对此进行直译，则译为"黄金时段的徒步"，会造成语义模糊，不利于译文读者了解其含义。刘宓庆提出词义语境化的概念，即译者应重视对原句所处的全文和上下文所传达出的意义进行准确把握，不应孤立地对待任何一个词。翻译过程中，要实现语用等值翻译，并方便读者获得与源语读者相同的阅读体验，需要把语言放在语境中，适当将相关词语进行明晰处理。本语境使用"golden-hour"一词表明安克和塔特度过了一段如黄金般美好的时光，故将其意译成"非常愉快地徒步"，以期起到解释作者意图的作用。

（2）上下文的把握与统一

语言语境，亦称上下文语境，指语篇的内部环境，既包括狭义的词与词、句与句之间的搭配，也包括广义的段与段、篇章与篇章之间的关联与呼应。人们总会在特定的语言环境下进行言语交流，语境直接影响着人们对言语的理解。语用含义是根据语境研究话语的真正含义，解释话语的言下之意、弦外之音。如果对原文的上下文不清楚，对相应的语境理解不准确，就会造成翻译的语用失效。因此，在这一部分，为了实现语言层面的语用等值，处理的时候，应根据具体的语言语境对词语进行合适的释义。

曹文学在《翻译论》中将上下文进行了微观和宏观的划分，其中微观语境又称为狭义上下文，即在一个句子范围之内某一特定语言单位周围的前言后语。英语一词多义的现象繁多，还有不少同词反义的现象，把握狭义上下文有助于输出更加准确的译文。

【示例】Recall that entitlement spending is expected to amount to 73.2 percent of federal revenue that same year， so there will be little leftover for defense， diplomacy， education， environmental protection， and all other discretionary programs.

译文：回想一下，同年福利支出预计将达到联邦收入的 73.2%，因此，用于国防、外交、教育、环保和其他所有可自由支配的项目的资金将所剩无几。

首先对该句的句法及语法进行简单分析，本句是由“that”引导的宾语从句，前半句用到了被动语态，在翻译时遵循“英文多被动，汉语多主动”的语言习惯，将其译为更符合目的语习惯的主动语态。后半句是“there be+主语 + 定语”的句型。“leftover”作名词有“残羹剩饭，残留物”的意思，按照原意代入译文显然指代不明确，根据字面意思进行直译会导致译文偏离原文的真实内涵，过于生搬硬套。翻译之前需彻底理解句内语境下的相关背景，语境在所有的翻译实践当中都是很重要的因素，其重要性大于任何理论、基本词义。根据本句话前半句中的“福利支出”与“联邦收入”可得知，文本谈论的可能是有关财务与金钱方面的内容，再由后半句中“program”一词可得出是在探讨关于项目投资的问题。因此，在翻译时根据中心词前后的表达，以及当前句内的语境，在语用等值理论的指导下，将“leftover”译为“资金”，不仅符合文本特征，体现出原文本的专业性，且在该语境下实现了语用意义的统一。因此，当词句的词义产生偏离时，在翻译时更要结合上下文中的语境进行具体分析，根据具体语境因素去定义词语的真正含义。

【示例】In addition，an aging population may create a longer-term drag on aggregate growth，and the US budget outlook is weak.

译文：此外，人口老龄化可能会长期拖累总体经济增长，而美国的预算前景也不容乐观。

本句是由“and”连接的两个简单句构成的复合句。前半句的中心词是“人口老龄化”，后半句的中心词为“美国预算前景”。“weak”一词为形容词，意为“虚弱的、懦弱的、软弱无力的”，“预算前景”与该词的表面意思无法搭配使用，按照原意翻译会导致词意与当前语境不符，语用意义不一致。区分词语的表面意思和其在具体语境中的真正含义对于翻译实践来说非常重要，词语的语境含义往往受相关词语的左右，需要根据具体的语境因素来确定其隐藏含义。因此需首先分析句内语境。“人口老龄化”是指人口生育率降低和人均寿命延长导致的总人口中老年人口比例相应增长的动态。该现象的出现会导致社会负担加重，同时会影响经济的发展。根据分析，美国的人口老龄化对于其预算前景来说会造成负面影响，可能会导致预算不足。因此，将“weak”译为“不容乐观”在当前语境下更加贴切地形容了美国预算前景的形势，实现了该语境下的语用等值。

宏观语境也称广义上下文，指的是该语言单位超出句子范围的语言环境，包括一个句子与其他句子或整个段落之间构成的语境。句子之间的语境对翻译中词义的筛选、情态的诠释有着很大的影响。

【示例】He has identified four headwinds to fixture growth：① the demographic transition of aging and slower population growth，② a slowdown in educational achievement and a rise of student debt，③ income inequality，④ federal government debt.

译文：他指出了未来增长的四个阻力：①老龄化和人口增长放缓的人口

结构转型；②教育成就不显著、学生债务增加；③收入不平等；④联邦政府债务。

"headwind"的意思为"a wind which blows in the opposite direction to the one in which you are moving"，即"逆风、顶头风"，但在该语境下译为原意明显不合适，因为英汉两种语言有其不同的表意方式及用词特点，因此为了使译文读起来自然通顺，要对具体单词的意思进行适当的转换。根据上下文分析，美国的全要素生产率越来越低，而后文的四个"顶头风"都是消极因素，因此根据上下文语境推断，此处的"headwind"应译为"阻力"才能更准确地表达出后面几个因素对美国经济增长的消极意义，从而增强受众的理解，实现句间语境下的交际作用。英语中的词汇大多是一词多义，在翻译时必须根据上下文语境来判断词语的内涵意义，选择最恰当的释义，完整且准确无误地传达原文的意图。

【示例】To date，intellectual leadership and economic size have enabled the United States to lead the development of the international system in such a way that other nations find it useful to join out of self-interest. Whether this will continue to be the case will therefore depend in part on whether the United States can maintain intellectual leadership.

译文：迄今为止，美国在知识方面的领先地位和经济规模能够让其领导国际体系的发展，其他国家出于自身利益也认为加入国际体系是有益的。因此，美国能否继续当领头羊，将部分取决于是否能够继续保持该地位。

该例句中有"whether"引导的主语从句。在句首位置出现了指示代词"this"，并且没有明确指示，出现了模糊指示的问题，若将该句直译为"能否继续这样下去将……"在信息传达方面，会产生模糊信息，让译入语读者感到不知所云。因此，通过上下文的语境进行具体分析，该案例中上一句主要叙述了美国的领先地位，所以可明确第二句中的"this"指的是美国的领先地位。英文常用物称，这样会显得客观、公正，使结构趋于严密。在英汉两种语言有差异的情况下，要想实现译文与原文在同等程度上的对等，首先要做到让译入语读者透彻且充分地理解词句意义，让译文更加符合译入语读者的阅读习惯。因此，在处理时增译了“领头羊”这一喻体，在翻译中充分考虑了源语和目的语在表达方式上的不同，不被原文内容与形式拘泥，以最自然对等的译语来展示原文内容，从而体现语用等值的价值，增强语言受众的理解，消除理解障碍。

（3）凸显作者情感色彩

在翻译文本时也要根据文中的语言等据实翻译原作者的思想感情。霍跃红曾总结“翻译效度就是指翻译过程中交际意图和受体期待的实现程度”，所以在翻译时要凸显隐含在原文中的情感色彩。

【示例】One bolt and we’d all be toast.

译文：一个闪电，我们就都被烤成肉饼了。

单词“toast”有“举杯庆祝、烤得焦黄”的意思，本例所在语境讲的是受到心理问题困扰的运动员在聚会时遭遇暴风雨，棚内雨水已经涨了起来，而且有很多金属装置也被泡在了水里，一个闪电他们可能就会有被电到的危险。在写本句时语气是比较诙谐幽默的，为了体现作者的情感色彩，并结合单词含义，在多次揣摩后将其翻译成“烤成肉饼”。“肉饼”在中文中除表示食物外，也常用作比喻义，比如人摔成“肉饼”等，较符合作者此处所表达的诙谐幽默的情感，可以使译文读者获得和原文读者相近的阅读体验，实现语言层面的语用等值。

（4）再现修辞效果

在行文中使用修辞手法可以使语言表达更具感染力。英汉双语间均存在修辞格的使用，尤其在文学作品中常用其来表现语言的感染力和文学性。由于英语和汉语属于两种不同的语种，所以中英文中修辞格的应用、形成以及发展均会因为不同的文化而有所不同。同时，修辞格的广泛运用也会使得语言充满文学性和文化内涵，所以在翻译中应保持译文和原文修辞表达的一致性，以使目的语读者和原文读者获得同样的阅读效果。

2. 非语言层面语用等值翻译

为了让译文和原文实现语用上的等值，在翻译时应更加重视言语的语用意义。这就要求不仅仅对语言语境中的话语意义进行剖析，更要重视语言体系外的各种制约因素，包括“情境语境”和“文化语境”。

（1）情境语境的重构

非语言语境中，情境语境作为一种言外语境，有着不言而喻的重要性。英国语言学家莱昂斯把情境语境解释为从实际场景中抽象出来的，对言语活动产生影响的一些因素，包括参与者双方、场合、话题等。言语行为总是在一定的情境中发生的，发生言语行为的实际情况也可帮助确定语言形式所表达的意义。情境语境限制了词语的具体含义，而语用学研究的正是在特定情境语境中的话语，特别是研究在不同的语言交际环境下如何理解和运用语言。

【示例】For Rumelt，good strategy contains three elements:a diagnosis of a challenge， a guiding policy， and a set of coherent actions.

译文：鲁梅尔特认为，好的战略包含三个要素：对挑战的分析、纲领性政策以及协调的行动。

例句中“diagnosis”一词的原意为“诊断”。汉语中，“诊断”的意思是“医生在给病人做检查之后判定病人的病症及其发展情况”，属于医学领域的词语。

“挑战”很少和“诊断”搭配使用，且在经济文本翻译中，若直译为“对挑战的诊断”则无法达到该特定语境之下的交际作用，从而影响译入语读者对文本的理解。在处理此处时应结合文本特征，考虑到报告言语的严谨性和客观性，将其译为“分析”。因此，话语在不同的语境中可以表达不同的意义，只有考察具体的说话语境，才能准确理解，从而实现等值。

【示例】Some of the increase in the ratio of net debt to GDP is to be expected. During recessions， so-called automatic stabilizers kick in. For example， unemployment benefits rise because more people are jobless.

译文：债务净额与国内生产总值之比有所增加，这在意料之中。经济衰退期间，所谓的自动稳定器（亦称内在稳定器，是指经济系统本身存在的一种会减少各种干扰对国家收入冲击的机制，能够在经济繁荣时期自动抑制通货膨胀，在经济衰退时期自动减轻萧条，无须政府采取任何行动）开始发挥作用。例如，若失业的人越来越多，那么失业救济金就会增加。

"stabilizer"有"稳定装置、减摇装置、稳定轮"等意思，但这些词义明显都不属于经济学词汇。经过词汇库的检索，发现"automatic stabilizers"这一词组有其固定的表达方式，即"自动稳定器"，但该专业词汇在前后文都未出现过，而且下文的例子也是基于该词汇。考虑到译入语受众的复杂性，使用了增译的方法对该词汇进行解释说明，便于译入语读者更透彻地了解下文所举事例。

（2）文化语境中隐含文化信息的显化

要实现社会文化层面语用等值的达成，必须从社会文化交际的角度考察语言的使用，在翻译时不能将语言内容与文化割裂开来。为了保证两种语言交流的正常进行，必须处理好语言和社会文化因素之间的碰撞。这就要求译者充当跨越两种文化的桥梁。在翻译相关语境下的篇章时，为了实现语用等值，首先要从原文文化语境的角度理解原文，然后从目的语的角度着眼，将原文信息重新表述为译文读者接受和理解的篇章。

【示例】The two potential causes are simply different sides of the same coin，although a situation of diminishing profit opportunities is amenable to U.S. policy action.

译文：上述两个潜在因素是在辩证看待同一件事，尽管在获利机会减少的情况下可以采取美国的政策行动。

不同文化之间既有区别又有联系，联系就是指民族文化之间存在的共性。在英汉两种语言中，能够体现其共性的词汇很多，这类词汇的字面意义相同、文化含义相近，在两种语言中可做等值互译。如本示例中，"different sides of the same coin"在英汉两种语言中都是谚语，且意思相近，指事物的两面性。在处理此处时，将文中意象与目的语受众文化的影响相结合，挖掘出更深层次的含义，即"辩证地看同一件事"，使得受众能够深刻理解文本，从而实现文化语境下语用等值的达成。

3. 社交层面语用等值翻译

由于地理位置、风俗习惯、宗教信仰等的不同，东西方国家在很多领域都存在社交文化背景上的冲突。翻译是一种跨文化的交际活动，文化是社交的一部分，故译者应扮演好社交文化“媒介”的角色。王育祥曾提出“为了保证跨文化交际的顺利进行，要根据译人语的语言文化特点采用恰当的方式表达出源语的语用含义和言外之意”。面对中西方社交间的差异，如果译者只按照原文的字面意思进行翻译，不解释其中的文化信息，那么就目的语读者来说，很有可能会出现无法理解原文文化的情况，导致阅读体验不佳。因此译者在翻译的过程中必须了解、解读原文背后的社交文化因素，了解其中承载的语用意义和语用效果，实现社交层面的语用等值。

（1）补充社交文化信息

语言是文化载体，一些隐含文化信息的词句，如在翻译过程中出现的宗教信息、地理信息等，如果在翻译时没有对其进行解释，那么呈现出来的译文就很有可能会晦涩难懂。译者在翻译时需要对这类存在社交文化差异的地方进行灵活处理，帮助目的语读者获得与原文读者相同或类似的阅读体验。

【示例】To such people，or the ordeal of the vision quests or Buddhist principles of nonattachment and transience might be more than metaphor.

译文：对这样的一群人来说，这或许是视觉探索的考验，或是佛教不执和无常的理念，这可能不仅仅是隐喻。

本句的语境是介绍一群充满冒险精神的登山运动员，他们不怕登山环境恶劣，也不怕因为极端天气发生危险对身体造成伤害，因为他们热爱这项运动，所以内心是澎湃的。“nonattachment and transience”在佛教中属于专业用词，在翻译时不仅需要展现其含义，更应体现出佛教语言的特色，故查询相关资料找出其对应含义，将其译成“不执”和“无常”。

（2）明晰社交文化信息

语言是文化的载体，忽略文化语境，语言研究的社会价值便不复存在，所以译者在精通两种语言的基础上还要深刻了解两种语言的文化背景。对于谚语、习语、成语、俚语等蕴含社交文化信息的翻译，需要在了解源语的语言风格、文本类型、文化氛围等的基础上，运用目的语读者所能理解的语言表达出来；同样，也有一些文化信息对源语读者来说理解起来很容易，但如果将其直接转化为目的语，很有可能造成社交语用的失误，无法使目的语读者明晰其社交文化含义，所以需要译者在翻译时明晰社交文化信息，从而实现社交层面的文化等值。

【示例】A year before， the North Face had invited me to Puerto Rico to speak on a panel for the company's annual athletes'summit—not my bag， typically， but the roster of big-name mountaineers and skiers who'd be there promised that it would be a laid-back Chautauqua of mountain badassery that an old harness-sniffer like me couldn't resist.

译文：一年前，运动品牌“北面”邀请我到波多黎各参加公司年度运动员峰会的座谈会，这通常不是我的菜，但出席会议的大牌登山运动员和滑雪者的名册告诉我，这将是一个像我这样的资深玩家无法抗拒的肖托夸山区聚会。

“not my bag”为俚语，在英语字典中的释义为“To be something that one is interested in or enjoys. Usually used in the negative.”简单概括成中文是指“不感兴趣的内容”。由于中英文化间的差异，涉及文化信息的内容若直译，译文读者可能无法完全参透其内容，需要对其进行明晰处理。如果此处直译为“不是我的包”，没有对其文化信息进行明晰，译文是无法为读者所理解的。本例在翻译时用中文的俚语“你是我的菜”来翻译英文的俚语，既译出地道的“中国味”，拉近与读者的距离，又明晰了这些包含一国语言文化信息的内容，达到社交层面语用等值的效果。

【示例】He's my cup of tea. I'm a mountain person. I'm not an ooey gooey dress-everything-in-pink kind of woman.

译文：他对我的胃口。我是个山地运动员。我不是那种会穿粉红色衣服的傻瓜。

本例语境为“我”是一个越野跑运动员，在一次比赛中从高处摔落，身心受到严重创伤，认为“He”，即心理治疗师塔特非常适合治疗当时的“我”。英国人酷爱喝茶，对茶情有独钟，无论什么饮品都代替不了茶在他们心中的位置，因此“one's cup of tea”是具有英国特色文化的表达，指“使某人感兴趣的东西”。为了使翻译后的译文也具有文学性，并具有中国特色，故选用了汉语中常见的“对某人胃口”这个俗语进行翻译，这样翻译可以使译文读者直观地了解原文所表达的内容，从而弥合双语的文化差异，实现社交层面的语用等值。

翻译示例中，针对翻译过程中遇到的问题，将其细化分类，分别讨论语言层面的语用等值和社交层面的语用等值。针对语言层面的语用等值，遇到的问题主要集中在明晰单词词义、上下文的把握与统一、凸显作者感情色彩和再现修辞效果上。针对这些问题，译者需要全面了解单词含义、理解上下文内容，读懂隐含在行文中的作者情感，从而实现语言层面的语用等值，使译文体现原文文本所呈现出的纪实性和文学性。针对社交层面的语用等值，一方面需要补充社交文化信息，将目的语读者不了解的文化内容以加注或增译的形式补充进来，另一方面需要明晰社交文化信息，将英文中的俚语、俗语等文化内容以目的语读者熟悉的表达展现出来，弥合双语间的文化差异，拉近目的语读者与原文的距离，实现社交层面的语用等值。

第三节 对比语言学理论

一、对比语言学的一般理论

语言对比研究是语言研究的重要领域，但对比语言学作为一门学科是近几十年才兴起的。20 世纪初，丹麦语言学家杰普森最早提出了比较语法的概念，主张对多种语言进行共时比较，从意义和观念出发，探讨全人类共有的基本概念在各种语言里是如何表达的。20 世纪中叶，一些语言学家提出把对比语言学作为应用语言学的一种，探讨如何通过语言对比促进语言教学，但这一时期的对比研究局限于形式研究。进入 20 世纪 20 年代，语言对比研究开始进入深化发展时期，从单纯形式转向了意义与形式结合，从微观转向了更为宏观的层面。

在中国，对比语言学作为独立学科始于 20 世纪 70 年代吕叔湘《通过对比研究语法》的演讲，之后在几十年的时间里取得了长足发展。微观层面的对比研究涉及语音、文字、词汇、语义、语法五个层面；宏观层面主要指句子以上层面的对比，涉及语篇、修辞、语用和认知思维对比，涉及语言、社会文化等不同内容。在研究方法与视角上也采用了定量与定性相结合、微观与宏观相结合的办法。对比语言学的研究成果在教学、翻译、词典编制等各个领域得到了广泛应用，并且出现了跨学科的发展趋势。正如秦洪武、王克非《〈基于语料库的语言对比和翻译研究〉评介》一文中所提到的，随着语料库尤其是多语语料库的创建和应用，对比语言学和翻译研究渐呈合流之势，主要表现为对比语言学和翻译研究都使用相似或相同的多语语料库从事研究。越来越多的学者已认识到翻译语料库在语言对比研究中的重要作用，有人甚至说翻译是语言比较的上好平台，可以在此基础上得出对比研究的结论。鉴于此，双向平行语料库可以成为综合对比的理想平台，它所提供的多向对比有助于研究者深入了解两种语言的异同。目前，语料库翻译学的主要研究内容，不仅涵盖传统翻译学的研究内容，如翻译的本质、译者风格、翻译语言特征、翻译规范、翻译理论与实践、翻译教学以及口译研究等，也包括建设翻译平行语料库或翻译语料库，使研究内容能够不断深入。

二、对比分析与翻译

（一）对比分析在翻译理论研究中的意义

霍姆斯在 1972 年提出了一个整体的翻译研究框架，如图 2-1 所示。

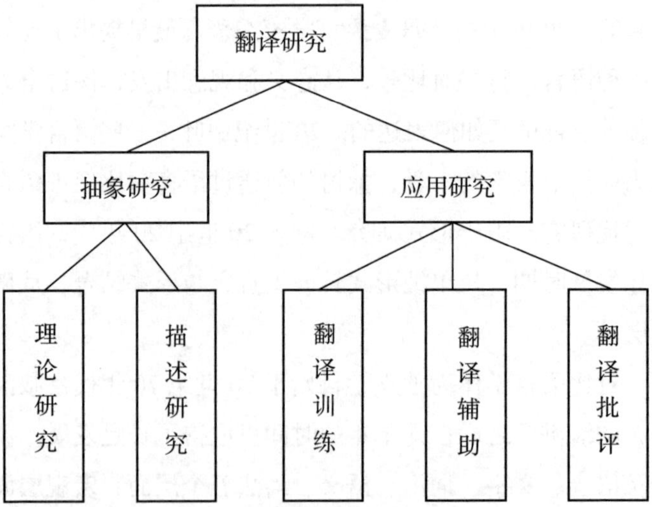

图 2-1　翻译研究的总体框架

翻译中的等值与等效问题一直是翻译理论界争论的焦点。提姆认为，不同的篇章原理也会对语言条目或表达法产生一定的影响，所以，很难达到严格的等价，但这并不妨碍在具体的环境中确立翻译的等值。在具体的上下文中，文本的对等只是大致上的对等。

通过比较，我们可以从不同层次进行分析，从而达到翻译的等价性。为了判断两种语言中哪些语言成分可以达到相同的效果，就必须从不同的语言层次上进行比较，以找出它们在哪一种语言层次上是等价的，在哪一层次上是不相等的。

（二）对比分析与翻译实践

翻译过程是从源语到目的语的语言转化过程。对比分析要研究的是卡特福德所说的有条件的一般语篇对等情况，而在具体翻译实践中，译者要解决的问题就是在特定的语境下的特定语义转换问题。通过比较分析，可以为我们在源语中的具体应用提供不同的解决方案，以便翻译过程中根据实际情况做出恰当选择。

连淑能从英汉的语法特征、表现方法、思维习惯和文化差异等方面全面论述了语言在各个层次上的不同特点。他从十个角度分析了英汉差异，包括综合语与分析语、聚集与流散、形合与意合、繁复与简短、物称与人称、被动与主动、静态与动态、抽象与具体、间接与直接以及替换与重复，如上的研究对于具体翻译实践有重要意义。在翻译过程中，我们经常需要进行语音、词汇、语法、语篇、语用等方面的对比分析，力求语篇对等。

第四节　模糊语言学理论

一、模糊语言的定义及特征

（一）模糊语言的定义

模糊性客观存在于自然语言中，是语言的一种基本属性。美国哲学家皮尔斯于1902年率先对“模糊”做出定义：“当事物出现几种可能状态时，尽管说话者对这些状态进行了仔细思考，实际上仍不能确定是把这些状态排除于某个命题，还是归属于这个命题。这时候，这个命题是模糊的。”1923年，英国的哲学家罗素又在《论模糊性》一文中指出“整个语言或多或少是模糊的”，并对模糊语言进行定义：“当用于描述的系统与被描述的系统之间不是一对一的对应关系时，这种描述就是模糊的。”这在学界被认为是对模糊语言最早的概述。英国语言学家厄尔曼则针对模糊语言提出它的四个产生因素：词语的遗传特性，意义是不相似的，非语言世界内缺乏清晰的边界，缺乏对于词所代表意义的熟悉度。

我国专家，以最早引进模糊语言的学者伍铁平为首，也同样对模糊语言进行了定义。伍铁平认为自然语言的模糊性是其固有属性，它使概念的外延变得不确定。语言学家赵元任认为，一个符号，如果它运用于边缘的场合比运用于清晰的场合还突出，那么它就是模糊的。学者张乔则认为模糊指表达本身的意思有多种理解的含义，而且这些含义在语义上是相关联的。黎千驹则根据前人的经验，总结出模糊语言是指在A与非A之间存在着一个不明确的交界区域，它是渐变的、不能一刀切的，我们不能确定地说某个词语是属于还是不属于这个区域。

（二）模糊语言的特征

对于模糊语言的定义，虽然不同学者给出了不同的解释，但其侧重点各有不同，均有不足之处，始终没有形成一个完整统一的概念。模糊语言的几大特点如下，用以完善模糊语言的定义。

1. 中心的相对确定性

在言语交际中，如果简单地把模糊语言看作完全模糊的，难免会陷入虚无主义。在模糊语言中的“确定”与“模糊”是中心的确定与外延的模糊，二者相互渗透、辩证统一。如果我们抛弃中心的“确定”，只看外延的“模糊”，就会丢失客观事物的本质属性，无法正确认事物。

2. 边界的不稳定性

现实生活中，我们不能简单地将有联系的A与B割裂开来，A与B之间存在着一个模糊的交界区域，这个模糊的范围我们既可以把它划入 A，也可以把它划入 B，随时可能发生变化，具有不稳定性。模糊范围的不稳定追其根源，是边界的不稳定造成的。对 A 与 B 的划分，由于边界的不稳定，会使其向 A 或 B 偏移，边界在 A 与 B 之间活动的范围正是模糊范围。

3. 对原型稳定的依附性

在原型理论中，原型被认为是某一类型意义的典型或原始形象，具有某一类型的典型特征，这一类型的其他成员的典型程度相较于原型则要低许多。这种“原型”在语言中也有所体现，当我们提出某一具有抽象性、概括性的模糊概念时，其外延实际上是一个拥有不同隶属度元素的集合，其中具有普遍性、典型性、稳定性、适配性的形象就是“原型”，而隶属度较低、容易被遗忘的形象就是非典型成员。在日常生活中进行交际时，当有人提出某一个模糊概念时，我们往往可以清楚地明白对方所指的是哪一个或哪一组事物，这是基于相似的原型认知。相似的原型认知通常依附于社会环境的相似而存在，受共同的文化环境、教育背景、生活经历等影响。当集合中的典型元素被拥有共同社会背景的人群认可时，渐渐地就变得约定俗成了，成为一种常识。因此，要保证模糊语言是积极的，可以被理解的，原型的稳定就必不可少，而民族、年龄、性别等的不同都会改变集合中元素的隶属度，使原型变得不稳定。一旦原型失去了稳定性，那么语言的模糊将毫无意义，这不符合语言的经济性。积极的模糊语言必须依靠原型的稳定性。

4. 受语境的限制

所谓语境，即语言环境，指说话时人所处的状况与状态。语境的使用往往可以使模糊语言的语义清晰、准确，然而这并不代表我们消除了语言的模糊性：一来语境并没有消除模糊的功能，它只是将语义限制于一个较小的、适当的范围内，以方便大脑进行快速解码；二来模糊性作为语言的自然属性是无法消除的。因此，模糊语言经常借助语境对语义的解释和过滤功能使意义变得准确清晰。

在语言发展和使用历程中，模糊现象十分普遍，模糊性亦是自然语言的本质特征之一。作为语义的组成部分，模糊语义在交际中的作用至关重要，不容忽视。语义的模糊性是在人类认知过程当中产生的，因此认知心理对模糊语义的产生和识别起着不容小觑的作用。

随着“模糊集合论”的提出，模糊语义也成为语义学中一个十分引人注目的研究领域。语义本身具有根深蒂固的模糊性，想忽略它或改变它都是不可能的。随着模糊语言学的发展，模糊语义逐渐引起研究者的广泛关注和普遍重视。从模糊语言学实际出发，结合模糊理论的一般原理并对之加以限定和改造，界定出符合模糊语言学实际的、各模糊语言学分支学科的研究对象。根据现代认知心理学和认知语言学的研究成果可知，语言是人类认知活动的产物，同时也是认知活动的工具。语言符号主要用来表达和传递意义，而符号意义的形成是人类对其所处的世界进行范畴化、概念化的结果。在范畴化的过程中极易产生语义的模糊性。人类的认知以人类对世界的类属划分为基础，这一活动受到人的认识能力、认知需要以及客观现实的制约。李晓明以认识论为研究角度揭示了模糊性的实质：“所谓模糊性，就是人们认识中关于对象类属边界和性态的不确定性。”

综上所述，模糊语义是人类的思维认知的结晶，即人类在语言中对某一对象的归属、外延、性质和形态等方面的不确定性的体现。模糊语义的本质是客观事物或现象在人们意识中的模糊反映。所谓模糊反映，就是人们意识中对客观事物或现象的不可能精确或不必要精确的反映。

模糊语义是相对于精确语义而言的，是语言符号才具有的意义。模糊语义的不同表现形式可以大致分为以下八种：内涵模糊与外延模糊；抽象模糊与具体模糊；量的模糊与质的模糊；上限模糊与下限模糊。

（1）内涵模糊与外延模糊

了解清楚模糊语义的各种表现形式，有利于区分模糊语义和明确语义，从而对文本语篇采取不同的处理方式。根据吴振国的理论分析，内涵模糊和外延模糊的概念一般来说是相互依存的。我们可以依据外延概括出其内涵，同样地，可以根据内涵明确外延。在日常交际中，语义模糊现象非常之多。在与人交往中，人们最常使用“实指”和“描述”这两种方式来指明主体。“实指”即人与人当面交流时，可以通过同样的指称方式指明主体，或者通过记忆中目标人物的典型特征来联系其人名。“描述”往往指主体不在眼前，听话者通过说话者对于所指主体特征的描摹来认知该对象。通常人们对于历史人物和不认识的人的认知，就是通过这种方式。对于所指对象的描摹，无论是外貌还是其他性格等特征，都具有一定的模糊性。当某些人名具有一定内涵时，该内涵体现了其相貌或其他典型特征，听话者单纯通过人名内涵的描摹，从而确认该人，很可能会产生一些偏差和错误，故具有一定的模糊性。

（2）抽象模糊与具体模糊

在认知语言学中，语义可以分为概括意义和具体意义这两种存在形式，相应地在模糊语义中，我们可以同理地划分为两种表现形式。当语言的概括语义体现为模糊的时候，我们称它为抽象模糊；而当语言的具体语义体现为模糊的时候，我们称它为具体模糊。所以，模糊语义在实际使用过程中，时而体现为抽象模糊，时而体现为具体模糊。

（3）量的模糊与质的模糊

模糊语义中量的模糊，指词语的语义与数量相关的模糊性。表示长度、宽度、高度、体积、面积、重量、时间、距离、速度、方位等语义的词，如“长、短”“宽、窄”“高、矮”“大、小”“轻、重”“快、慢”“远、近”“早、晚”“东南西北”等，由于没有准确数量的界定，所以常常体现出模糊的特点。其中值得一提的是，有关时间的模糊，有时会对翻译产生影响。有关时间的模糊的表现形式较为丰富，概括起来分为开始结束时间、时间先后、时间跨度三种。其中，涉及开始结束的时间最为常见，常用“早、晚”等词汇。

（4）上限模糊与下限模糊

当语义模糊表现出量的模糊或质的模糊时，又可以分出上限模糊和下限模糊。最常见的就是体现在年龄大小方面，大到什么程度，就是上限模糊；反之，就是下限模糊。虽然质的模糊，难以直接确定其上下限，但是对于评价性词汇，如“优秀”“好”等，我们可以人为主观地设定程度范围，从而确定其隶属函数，最终得出它的上下限。

在语境中，模糊语义体现出了相对性和互为转化的特点。一方面，模糊语言的语义会跟随语言环境的变化而变化。另一方面，模糊语言的语义也会出现由清晰到模糊或模糊到清晰的变化。语境是交际顺畅的保障，只有在一定的语境中，模糊语言才能被更准确地把握，发挥其独特的语用功能。

5. 受语用容忍原则的包容

这一最早由莱特提出的原则以人类观察行为的特点为依托：人类的观察能力有限，往往不能详尽地感知事物的微小之处，所以我们往往会使用模糊语言进行表达或者将事物设定为一种理想状态，对其进行精确式的归纳概括。然而有趣的是，不论采用“模糊”还是“精确”表达，人类在交际时均会以“模糊”的形式进行理解。话语表达的命题与说话者要传达的思想之间存在一种解释的相似性，属于语言交际中的“不严格交谈”。甚至于精确的数字也经常成为模糊理解的对象，当有人告诉我们“明天早上八点开始上课”，第二天如果七点五十五分或八点过五分开始上课，我们都不会觉得自己受到了欺骗，这是因为我们在接收这一精准时间时，已经将其模糊化，可以容忍些许的时间偏差。语用容忍原则对“模糊”的容忍不仅仅是对模糊语言的容忍，更有对“精确”模糊化的容忍，这是建立在对话语进行了模糊化处理之上的。在现实情况复杂多变的大背景下，语用容忍原则对模糊语言的包容，使言语交际得以顺利进行，是社会正常运转必不可少的一部分。

根据上文模糊语言的几大特点，可以将其定义为，模糊语言实际上就是受语用容忍原则包容，类属外延边界具有不稳定性而中心具有相对确定性，依托典型性形象并受语境限制的一种自然语言。

二、模糊语言研究概述

（一）国外研究情况

西方对语言模糊性的研究由来已久，早在古希腊时期语言模糊性问题就已经吸引了人们的眼球。古希腊的麦加拉学派曾经对“秃头”这一概念做出界定，认为人们不能确定头发的数量究竟达到多少才能被称为“秃头”，所以“秃头”这一定义本身就是模糊的。从这里我们可以看出，“秃头”这一定义之所以模糊，是因为在语言中没有确定的界限，究竟需要多少头发才能达到“秃头”的程度。

美国著名哲学家、语义哲学的奠基人皮尔斯从语义的角度界定了模糊性。皮尔斯指出：“当事物出现几种可能状态时，尽管说话者对这些状态进行了仔细的思考，实际上仍不能确定地把这些状态排除于某一个命题还是归属于这个命题，这时候，这个命题就是模糊的。上面说的实际上不能确定，我指的并不是由于解释者的无知而不能确定的，而是因为说话者的语言的特点就是模糊的。”可见，皮尔斯认为，模糊性是语言本身具有的属性，它并不是解释者的无知造成的，而是由于命题的类属范围的不确定性引起的。

英国哲学家罗素在《论模糊性》一文中指出，整个语言或多或少都是模糊的。罗素认为，由于模糊认识有更多潜在的事实可以加以证明，所以它比精确认识更加真实。模糊与精确问题的存在是语言的重要特征，而且当语言有模糊性存在时，在表达与表达物之间一定是一对多的关系。

美国语言学家布卢姆菲尔德在其著作《语言论》中充分关注语言中的模糊现象，并详尽地阐述了词语的模糊性。布卢姆菲尔德指出，“我们没有一个准确的方法来定义‘爱’或‘恨’这样的词，这涉及许多还没有准确分类的语境，而事实上这些难以定义的词占了词汇的绝大多数”。通过布卢姆菲尔德的论述我们可以了解到，正是因为绝大多数词语的类属范围是无法规定的，才使得这些词语具有了模糊性。

美国哲学家布莱克在其文章《论模糊性》中指出，词语的应用区域是有限的，所以它便具有了普遍性；而词语的模糊性，表现在它虽然有一个有限的应用区域，但这个区域的界限并不明确。也就是说，布莱克认为，词的模糊性就在于其界限的不明确性，这一特点使得这些词在产生和理解上具有模糊的区间。

德国哲学家兼语言学家卡西勒尔在《关于人的随笔》中提出，科学概念的那些尺度不能用来衡量日常言语中的词。相比科学概念，日常言语中的词具有不明确性和模糊性，因而它们无法承受住逻辑分析的考验。然而，我们日常言语中的这种不可避免的内在缺陷，并不妨碍它们成为迈向科学概念的里程碑，因为正是从这些词中我们获得了对世界的第一客观理性认识。可见，卡西勒尔在认识到语言模糊性的同时，将其与科学概念相提并论，认为日常言语的词因其模糊性而经不起逻辑分析。尽管卡西勒尔的这一观点随着模糊数学的诞生而逐渐被摒弃，但其提出的日常言语中的词具有不明确性和模糊性这一特性，为我们日后研究语言的模糊性提供了有利论据。

由此可见，西方的学者对语言模糊性的问题有过一定的思考，但是大多数都局限于对语言模糊性概念的界定，他们认为，模糊性是指语言中的词或词语的类属范围和界限不确定的属性，并没有对模糊语言进行系统化的研究。

直至 1965 年，在《模糊集》一文中美国控制论专家扎德开创了著名的模糊集合论，系统阐释了事物的模糊性。扎德模糊集合论的实质是不赞成对事物一刀切的做法，认为在两个数值之间有无数区间值，有无数隶属度。事实上，所谓的“无数隶属度”就是指模糊区间。扎德模糊集合论的诞生为语言模糊性研究的理论化和系统化科学体系的形成奠定了基础。随后，学者们将模糊集合论运用于语言学的研究中，逐渐形成了以语言中的模糊现象为研究对象的一门新兴边缘学科，即模糊语言学。此后，西方学者们从不同角度对模糊语言进行了一系列系统化研究。

①语义学角度。美国语言学家莱考夫在其文章《模糊限制词：语义标准及模糊概念的逻辑》中将模糊集合论应用于语义学的研究中，而且在这一研究中，莱考夫在模糊集合论的基础上首先使用了模糊限制词这一词语，并详细分析了模糊逻辑和模糊限制词的语义特征。莱考夫认为，模糊逻辑，即语言真值的变化，非常适用于研究语言的模糊性；模糊限制词的语义界限具有模糊性。此外，在随后模糊语言发展中，莱考夫首先提出的模糊限制词也得到了更广泛和更深层次的研究。英国语言学家肯普森在《语义理论》一书中对“歧义”和“模糊”这两个概念进行区别，并对模糊现象进行了具体分类。肯普森认为，歧义是指同音词和多义词；模糊现象具体分为四类，即指称模糊、语义的不确定性、缺乏确指和虚词模糊。

②语用学角度。澳大利亚语言学家伯恩斯在《模糊性：自然语言和连锁推理悖论研究》一书中以语用学为切入点探究了人类语言的模糊性，并阐明了语言模糊性的产生原因以及语言模糊和心理现象模糊相互之间的关系。伯

恩斯认为，模糊性是语言固有的属性，并且它是有一定规律可以遵循的，其产生的原因主要有个人层次上的模糊和集体层次上的模糊，即个人对某一词语意义界限的不明确性和集体对某一词语意义的意见不一致性；语言是一种社会现象，除人的认识具有模糊性以外，人们的态度和信心也具有一定的模糊性，因此，在研究模糊语言时，要密切关注语言、语境、语用之间的关系。英国语言学家舍乃尔在其专著《模糊语言》中提及“模糊”这一概念，讨论了数量模糊和模糊范畴标志两种模糊词语，并且以实际语言材料为基础，从语用学的角度对模糊语言及其在交际中所具备的功能进行了分析。舍乃尔认为，模糊语言是客观存在的，对模糊语言的解释与其所在语境和推理息息相关。说话人采用模糊语言的原因是遵循合作原则，同时，说话人如果采用模糊语言，就也有可能违背合作原则。

③认知学角度。美国语言学家莱考夫在 20 世纪 70 年代将模糊集合论引入语义研究当中，并且对这一理论在语言学中的应用寄予厚望，但在 20 世纪 80 年代末莱考夫开始将研究重点转移到认知语言学上，并提出将模糊集合论用于认知语言学存在局限性。莱考夫认为，模糊集合论主要涉及一些可以度量的语义特征，在人们对语言的认知过程以及语境对语言的影响等方面没有提供较多的处理方法。英国爱丁堡大学逻辑学教授威廉姆森在《模糊性》一书中从认知方面揭示了模糊性及其产生的原因。威廉姆森认为，模糊性是人类对客观世界还没有彻底了解的一种认知现象，人类知识的局限性和对概念界限认识的有限性是对语言模糊性存在的最好解释。

综上所述，西方许多学者都对语言的模糊性进行了一定研究，但是自从模糊集合论诞生，模糊语言学才逐渐发展壮大起来，西方学者开始从语义学、语用学、认知学等不同角度对模糊语言进行系统化研究。

（二）国内研究情况

与国外相比，模糊理论在国内的起步稍晚一些。1979 年伍铁平先生在《外国语》第 4 期上发表了《模糊语言初探》一文，向我国的语言学界介绍了模糊理论，并将它运用到汉语和外语的研究之中。自此，我国学者对模糊语言的研究不断深入，研究范围不断扩大，基本包括如下三个方面：

1. 对国外模糊语言学研究成果的介绍

张红深指出中国的模糊语言研究开始于对国外有关理论与方法的引介；伍铁平从《模糊语言初探》开始陆续发表了一系列文章向国内学者进行了模糊理论的介绍，他在《模糊语言再探》中将模糊语言研究与语言对比、语言类型学结合进行研究；何自然介绍了国外模糊限制语的分类研究；朱小美、张明从模糊理论与语言研究、自然语言、形式语言、认知、语用这五个方面对 20 世纪后期国外有关模糊语言学的研究进行简评；刘贺介绍了模糊语言学在国外的发展状况并且进行归纳总结。

2. 模糊语言学的理论研究

学者们关于国外理论的引介，引起了国内关于模糊语言学理论与方法的反思。吴涌涛在《模糊理论的若干问题》一文中探讨了什么是模糊性、语言结构内部的模糊性质和模糊词的分类、产生模糊性的根源这三个问题；陈新仁从语法系统的内部层次结构和结构生成这两个角度探讨了语法结构的模糊性；陈维振从胡塞尔的现象学的角度进行了范畴和语义模糊性的反思；范武邱提出了模糊语言研究中存在的几个问题并且提供了构建中国特色模糊语言学研究的思路。

3. 模糊语言学的应用研究

近年来，模糊限制语应用的范围不断扩大，且研究数量增长较快，如分析了模糊语言学与翻译的关系，探讨了模糊语言学对高校英语翻译教学的启示。李杰通过模糊语言学对网络语言现象进行解读；冯克江探讨了模糊语言学视角下的词典翻译；张静运用计算机对其构建的生物医学文献模糊限制语语料库进行模糊限制语的标注规则研究。

三、翻译中模糊语言的处理

英汉两种语言中均存在着大量模糊语言。译者在翻译中处理模糊语言现象大致分两种情况：一是原作语言本身是模糊的，译文可以按照原文一样处理为模糊语言，留给读者回味和想象的空间；二是原文并不模糊，可是由于跨文化障碍，翻译时若不做任何处理，就有可能导致读者费解或误解，此时译者需要为读者创建积极的跨文化语境和认知语境，有效传递原文的信息。模糊语言的处理直接关系到译文的质量和跨文化交际的成败，应该受到应有重视。

跨文化翻译中，译者只要善于利用渗透在语言诸层面的模糊性，就能顺利跨越诸如词语意义的模糊、形式结构和意义结构的错位、表达式的不确定、语法范畴界限的模糊等翻译过程中的障碍，成功地实现双语转换的意义对接。

由于语言之间的系统差异，译作与原作之间不可能达到完全的对等。译者应该充分利用语言的模糊性特征，使译文达到动态的、模糊的、有机的对等，而不是静态的、精确的、机械的对等。译者要根据原作所要传达的意图，在翻译过程中对语言进行灵活的转换，以使译文可以具有独立的价值，同时又与原作具有最佳关联，或能够产生大致相同的功能，从而达到交际目的。

（一）句意模糊现象及翻译处理

模糊语言的外延不确定、内涵无定指，在文本语料中，人物对话经常会出现句意模糊的现象，这会造成译者理解的困难，甚至造成误解，句意模糊现象也会带来翻译上的错误。

刘朝晖认为，“模糊性产生的根源不仅在于客体（符号的所指对象），不仅在于主体（符号的使用者），也不仅在于符号（语言）本身，而是主体和客体在语言中相互碰撞的结果，是三方面的特点同时决定的，不能只从单方面讨论模糊性”。在语篇中句意模糊性也是如此。

省略的技巧同样适用于交替传译，译员在保证对原文忠实的情况下，可根据情况适当省略一些不必要的信息，如发言者过于口语化的表达等，这也符合功能目的论的理论指导。无论是在汉语还是英语中，正确把握句意对于理解原文是十分重要的，对于原文中的句意理解错误，译文可能就会和原文的意思大相径庭了。

而有些情况下，特别是在口语表达之中，有一些成分没有实际的含义，只是赘余的成分，如果译者拘泥于原文，一字一眼地翻译出来就不符合目的论的目的性原则和连贯性原则。

【示例】第二个就是等他看有没有哪个医生有这个胆量去做。

译文：The second thing is that we have to wait to see whether there is a doctor have courage to do.

这句话是一段医生之间的对话，还是口语化表达，在这里宾语“他”内涵无定指，属于指代词模糊现象。为了让听众能够顺利地理解原文，这里依旧需要利用目的论中的连贯原则，结合上下文，理解这个宾语所指的含义。通过分析上下文我们可以知道这里的“他”其实就是一种口语表达，没有真正的含义，口译时直接省译就可以了。所以应该翻译成：“The second thing is that we have to wait to see whether there is a doctor have courage to do the operation.”这样译文更加连贯，听众就能无障碍地理解译文了。

在语料翻译过程中发现语句中大多数成分还是有他特定的含义的，但是有一些表意不明，比较模糊，这个时候，通过上下文的理解灵活运用增译法就能解决很多问题。

【示例】30 床（血氧饱和指数）怎么 89 了，不行，30 床护士赶紧先过来。

译文：Why does Bed 30 has turned to 89 ? That is the trouble. The nurse of Bed 30 come here right now.

在医院里时时刻刻都会有紧急情况发生，遇到紧急情况，所有人难免都会手忙脚乱。这句话是医生看了 30 床病人的病情之后在紧急情况下说出的话，所以这个句子本身就是不完整的。这里的 30 床经过文字的提示，我们知道其实指的是 30 床病人的血氧饱和指数，涉及一个医学专有名词。这里也属于指代词模糊现象，简单的是我们可以通过文字确定模糊指代词真正的含义。这个句子完整的意思是“30 床的血氧饱和指数怎么 89 了，不行，30 床护士赶紧先过来”，所以最后我们应该翻译成：“Why does the oxygen saturation index of bed 30 has turned to 89 ? That is the trouble. The nurse of bed 30 come here right now.

【示例】我是这样想的啊，因为你放在这里，现在始终是这个样子的话，到时候结果大家都知道，对不对？

译文：I think if you put it here，and it stays this way，everyone will know the outcome by then， right?

这段话是一段医生之间的对话，比较口语化，语速较快。“因为你放在这里，现在始终是这个样子的话”这句话的内涵不确定，把什么放在这里？句意模糊，容易造成歧义和误解。通过对上下文的理解我们可以知道“这个样子”，在这里其实是指不对病人采取任何的治疗措施。目的论的连贯性原则要求译文做到语内连贯和语际连贯，语际连贯方面要求译语必须符合源语的意思，尤其是在处理源语中的某些具有意义形象的词语时，常常通过意译法进行翻译，以达到让译语受众理解译语的目的。意译法良好地体现了目的论连贯性原则的指导作用，同时也遵循了目的论的目的性原则和忠实性原则。那么此时，对于上下文语境的理解就显得尤为重要了。因为此处是在讨论病人的病情，所以这个句子的完整意思应该是“如果我们把病人放在这里不采取措施的话”。这里把这两个短句合成一个句子翻译会更加简洁流畅而且易于理解，更加符合目的论连贯性原则要求。所以应该采取意译的方法，翻译成“I think we leave him here and do not take any measures”。

在目的论的框架下，针对词组型术语的翻译，为了完整表达其意义，译员可以选择更多的翻译方法，而非简单的直接翻译。不管采用何种方法，其目的都是能够最大限度地实现源语发出者的交际目的，从而最终实现翻译目的。

（二）模糊限制语现象及翻译处理

模糊限制语是模糊语言学中的一个重要成员，是我们在自然语言中最普遍、最典型的模糊语言。莱考夫于 1972 年最早提出了模糊限制语，他指出模糊限制语就是“把事物弄得模模糊糊的词语”。从语义学的角度对模糊限制语进行定义，它是指“在某种条件下可以部分地改变话题真值程度的分词、词或词组”；从说话者的角度将模糊限制语定义为“模糊限制语是指示说话人对话语中的命题是否缺乏信心的指示标志语”。余乐认为模糊限制语是对话语进行了注释，说话者使用模糊限制语能够起到帮助人们更好地进行沟通交流的作用。模糊限制语是那些表示不确定概念或限定条件的词语，可以使句子变得模糊。模糊限制语为直接限定命题内容，即直接评价命题的态度、认知或证据方面的状态。

我国学者于20世纪80年代开始关注并研究模糊限制语，从外语学界开始，逐步扩展到汉语研究中，从理论语言学领域逐步向自然语言处理领域发展。伍铁平研究了模糊限制语的特殊功能。他指出，模糊限制语既可以修饰模糊词，又可以修饰精确词。当模糊限制语修饰精确词的时候，原话语义就变得模糊了。张乔在伍铁平的研究基础上，认为模糊限制语可以很大程度上改变话题，使其精确语义模糊化；还可以调整模糊语义隶属度，使模糊语义在量上发生改变，增强或降低语义程度。杨慧玲认为除词汇形式之外，句法形式和话语形式也可以起到模糊限制的作用。苏远连将模糊限制语定义为限制模糊词语的模糊程度或使精确词语变模糊的词语。黎千驹根据模糊限制语的特点将其定义为“模糊限制语是指对某个模糊中心词进行修饰改变其模糊程度，或者对某个明晰中心词或明晰命题进行修饰限制而使明晰词语或明晰命题变得模糊的词语”。虽然模糊限制语尚未形成明确的界定，不同学者有着不同的看法，但是毋庸置疑的是，关于模糊限制语的研究正在不断丰富。

模糊是自然语言的根本属性，大量的模糊语言存在于言语交际中。模糊限制语是模糊语言的典型表现，是语言学家不可回避的语言现象。美国控制论专家扎德在1965年提出了“模糊集”理论，主要研究语言的模糊性。1972年，美国生成语义学家乔治·莱考夫首次将模糊限制语定义为“把事物弄得更加模糊或更不模糊的词”。由于研究方法及角度的不同，不同的研究者对模糊限制语的分类也不尽相同，其中最具影响力、为学界广泛接受的当属普林斯对模糊限制语的分类。1982年，普林斯及其同事按是否改变命题的真值条件，将模糊限制语分为两类：变动型和缓和型。前者可以改变话语的真值条件，而后者只是体现说话者对说话内容的态度，而不会改变话题内容。

变动型模糊限制语属于语义范畴，指改变话语原意，或对原来的话语意义做某种程度的修正，包括程度变动语和范围变动语。英语中的程度变动语包括 relatively、certain、slightly、sort of、somewhat、really、almost、quite、entirely、a little bit、some 等；范围变动语有 approximately、about、something between X and Y 等。汉语中类似的程度变动语包括“有点、有几分、一些、稍微、在某种程度上、较、一定的、略微”等；范围变动语有“大约、大概、近、接近于、介于 X 和 Y 之间、左右、最多、至少”等。

缓和型模糊限制语属于语用范畴，指说话者遵循合作原则和礼貌原则，使话语委婉、缓和、含蓄的表达方式，可分为直接缓和语和间接缓和语。英语中的直接缓和语包括“I think、probably、as far as I can tell、seem、wonder、hard to say”等；间接缓和语有“presumably、（sb.）says that”等。汉语中类似的直接缓和语包括“我认为、据我所知、似乎是、想知道、很难说”等；间接缓和语有“据她估计、大概是、（某人）说”等。

（三）语法结构模糊现象及翻译处理

从某种意义上说，语法可以认为是一个模糊的系统，因为经常没有明显的界定来区分类别和结构。主语、谓语、宾语、补语和状语是英语句子的一般构成成分。谓语动词是所有成分中最核心的部分，约束和影响着句子的其他成分，在句子中是不可或缺的。通常来说，宾语、补语和状语这些成分跟谓语相比界限比较明显，它们通常放置在谓语之后，充当外缘成分。同样的短语既可以充当谓语之后的宾语，也可以作为谓语之后的补语或状语。比如，名词短语或名词性成分可以充当宾语成分，名词短语、名词性分句、形容词或介词短语可以充当补语，而名词、形容词、副词短语以及介词短语或状语从句可以充当状语。由此看出，宾语、补语和状语都可以由名词短语来充当，补语和状语都可以由介同短语来充当，补语和状语都可以由形容词短语来充当，而且，人们也是根据相应的标准规则来定义宾语、补语和状语的含义。尤其是同一短语放置在一些谓语动词后面，既满足充当宾语的条件，同时也满足充当补语或状语的成分时，这时宾语、补语和状语三者之间的类别界限就趋向模糊性。例如，be+v.ed 在某些句子中可以被理解为被动语态，在另一些句子中又可以充当“系补”结构。一般来说，表动作是因为被动语态具有动词的特点；表状态是因为“系补”结构具有形容词的特点。但有时 be+v.ed 结构具有模糊性，是因为此时同时具有被动语态表动作的特征，也有系补结构表状态的特征。

【示例】Video call is OK，wait a minute，I walk you there.

译文：视频可以的，你等等啊。我给你走过去好吧？

这个句子是口语化表达，完全没有符合逻辑的语法结构，如果按照源语的结构进行翻译，就会像上面译文一样不符合译入语的表达习惯。这种情况下只能对原来的句子结构进行转换，经过自己的理解和对句子的重新加工之后再进行翻译。通过联系上下文，我们知道这里是家人给病患打来电话，想要和家属进行视频通话，医生接起了电话，所以我们应该翻译成："你可以打视频电话，等等啊，我把电话递过去。"

语法结构模糊现象在口译过程中会给译者带来很多困难，包括源语的理解，还有译入语的处理。这时我们要用到目的论理解源语的意思，不能刻意死板地理解句子的语法结构，而是要始终坚持目的论的三原则，在联系上下文之后分析出源语想要表达的意思。转换法和融合法比较适合处理语法结构模糊的问题。

在翻译表达中有很多语法结构比较模糊，字数多，但信息量并不大，如果生硬地字字对译，译文质量就大打折扣，更不易于听众理解接受，这也不符合目的论的目的性原则。融合法可以将原文信息加以融合，使之更加凝练地译出。

【示例】If you can not cure the leg just cure the lung and take off the ventilator, how would he feel seeing the leg? We should take the pain of his gangrenous leg into long-term consideration and think about what we can do for him when he wakes up.

初译：如果这条腿不能处理，你拔了呼吸机，解决了他的肺，他醒过来看见他这条腿这个样子，包括这条坏疽腿的一个疼痛，可能要考虑更长远，我们让他醒过来之后我们能做什么。

改译：如果他的腿治不好，只是治好了他的肺，那拔了呼吸机，他醒了之后会是什么感受？我们对于他腿的疼痛要考虑得更长远，想一想他醒来之后我们能做些什么。

初译中句子语法杂乱无章、结构模糊、字数很多，我们可以把源语稍加整合，整合之后就变成改译中的翻译，这样结构就比较清晰，翻译时也比较简单，同时译入语也能够被受众所接受，符合目的论连贯性原则的要求。

第三章　文化差异与翻译策略研究

第一节　文化与翻译的关系

一、文化与翻译

所谓文化差异，是指人们所在的生态和自然环境不同，其形成的历史、知识、语言、道德、信仰、思维方式、风俗习惯等方面也存在明显不同。中西方在文化上的差异使得人们对同一理念、同一事物有着不同的理解和解释，有时甚至会产生误解。我们知道，语言与文化密切相关，而作为语言的重要组成部分，翻译必然与文化有着千丝万缕的关系。因此，如果不了解中西方文化的差异性，就必然影响翻译的准确与顺利进行。为了在文化的大背景下更好地进行翻译，本节就具体分析和探讨一下文化差异与翻译的相关内容。

文化与翻译之间的关系密不可分，这主要体现在以下两个层面。

（一）文化影响翻译过程与策略

首先，翻译不仅是一种简单的文本转换，还是一种文化传递。因此，翻译形式除了受语言因素的影响之外，还受社会因素和心理因素的影响。可见，翻译什么样的作品、如何对其进行翻译，往往受文化背景与特定文化环境的影响，还受译者本身的文化观念的影响。总之，文化对整个翻译过程都有极其重大的影响。

不同的文化在某种程度上会有一定的相似之处，但是由于地理环境、宗教信仰、风俗习惯等方面的差异，导致文化有着不同的内涵意义，这也是翻译的难点所在。翻译的过程包含理解、表达与校改三个阶段，在理解与校改这两个阶段的比较中，理解固然重要，但是最终目的还是要将原文的真实含义表达出来。

例如，在一段人物描写或者一篇诗文中，其中都会夹杂着当时的社会文化因素，如风俗习惯、生活态度等，而译者的任务就是通过一种语言所固有的生活模式去阐述并再现另一语言的生活模式。换句话说，就是要求译者对原语文化及其意义进行分析，然后将其传达给译语读者，实现良好的跨文化交流。然而，由于受自身的文化取向以及其所存在的社会背景的影响，译者在翻译的过程中会不自主地将其主观文化因素带入译文中，在一定程度上会让译文的文化视野存在一定的局限性，并且会让译文带有译语文化的时代烙印。

其次，文化差异也会对采用的翻译策略造成一定的影响。翻译过程中，不仅要对语言的表面含义进行分析，还要对语言的深层文化内涵进行探讨。由于不同民族文化的内涵不同，他们所采用的翻译策略也明显不同。

（二）翻译促进并丰富文化

翻译作为文化传播的纽带，对跨文化间的交流与发展起着越来越重要的作用，尤其是随着经济全球化的迅速发展，各国间的交流日渐增多，这些交流都离不开翻译的有效推动。翻译的过程就是文化交流的过程，翻译不仅缩短了各个国家和民族之间的文化距离，对彼此间的文化都有不同程度的理解与接受，这反过来也促进了各个国家和民族间的文化融合。用一句话来讲就是：翻译的顺利进行有利于促进并丰富各个国家的文化。

近几年来，随着时代的发展以及国际交流的不断深入，各国语言之间也在不断融合，汉语同英语的接触达到了空前的广度和深度。外来词也逐渐融入汉语文化之中。例如，把好东西 show（展示）一下，摆个 pose（姿势），出门打车（Taxi），AA 制等。同时，如 VOA、WTO、VIP 等一系列的缩略词语也都被引入汉语之中，逐渐被我国文化接受。

另外，外国的文学作品也在不断地被介绍到我国，尤其是小说的传入，使其可以置身诗词古文作品之间的观念在汉语文化中开始被接受和认可。并且西方的小说对中国的文学也产生了深刻的影响，促进了中国文学的现代化。

二、文化差异对翻译的影响

不可否认，英汉文化差异必然会对翻译造成一定的影响。并且如果对中西文化差异以及文化差异对翻译所造成的影响有了清楚的认识，则可避免因文化差异而造成的翻译错误。

美国著名翻译理论家尤金·奈达将翻译中的文化因素分为以下五类：语言文化（Linguistic Culture）、社会文化（Social Culture）、宗教文化（Religious Culture）、物质文化（Material Culture）和生态文化（Ecological Culture）。翻译过程中遇到的各种文化差异基本上都包含在这五种文化因素中。语言文化的差异主要体现在词汇、句法、语篇上，下面就从四个层面对文化差异对翻译的影响做重点探讨。

（一）社会文化差异对翻译的影响

社会文化错综复杂、包罗万象，一个民族的历史、政治、经济、风俗习惯、价值观、思维方式以及社会活动的特点和形式等都是社会文化的表现。与其他文化相比较，社会文化差异对翻译所造成的影响更大一些。以下我们就针对几种英汉社会文化表现差异对翻译的影响进行简要介绍。

由于英汉文化在价值观念上存在明显的不同，这必然会对翻译产生一定影响。以“老”的翻译为例，在西方国家“老”这个词已经失去了竞争力，并且已经逐渐被淘汰，因此需要用其他的委婉词语进行替代。例如：

The advanced in age 年长者

The mature 成熟者

Senior citizens 资深者

A seasoned man 历练者

因此，对于介绍人们在西方国家的公交车上给老人让座的情况，不要译成是 old man，而应该译成是 courtesy seats。

另外，在价值观上，英语中有较多的词语来解释个人的力量、个人的进取、个人的意志。例如：

Every man is the architects of his own fortune.

自己的幸福靠自己。

Where there is a will there is a way.

有志者，事竟成。

You should blow your own horn.

应该展示你自己。

因此，在翻译此类句子时，需要按照西方人的价值观，将西方人的个性特征准确地翻译出来。

此外，由于两个民族在时间观念上存在着明显的差异，翻译的时候也需要特别注意，有时候需要将“前”译成“将来”，将“最后”译成“最新”。latest 就是这样的例子，其本意是“最后的”，但是在很多情况下要将其翻译成“最新的”。例如：

The latest news 最新消息

The latest development of sth. 最新发展

The latest discovery of sth. 最新发现

相对而言，中国人重具象思维，对事物的描述和表达都尽可能地具体；而英美人重抽象思维，擅长用抽象的表达描述具体的事物。因此，英语科技文章中多概括、笼统的抽象名词，而汉语文章中多具体词语。在翻译这些抽象词语时，如果生硬直译，必然会使译文晦涩难懂，因此需要将英语中的大量抽象名词具体化，以使译文符合汉语表达习惯。

（二）物质文化差异对翻译的影响

所谓物质文化，是指一个民族的生产工具和设施、经济生活以及科学技术等各方面的条件。物质文化包含的内容非常丰富，涉及人们生活中的衣食住行用各个方面。各个民族、各种语言在物质文化方面的交流是非常活跃的。俗话说“民以食为天”，饮食文化可谓物质文化中最重要的内容之一，各民族之间饮食文化的交流也最为频繁和丰富。我们早已熟悉的“汉堡”“比萨饼”“奶昔”“泡芙”等名词均来自英语词汇。

中西方饮食文化的差异性随处可见，如西方人以蛋糕、面包等为主食，而中国人主要吃大米、面食等。因此，如果把a piece of cake译为“一块儿蛋糕”，肯定很多中国人都不理解。这是因为蛋糕在英美人的生活中非常常见，但是过去蛋糕在我国是不多见的东西，当然制作蛋糕就更少之又少了。因此，对这个短语进行翻译时，应该选用意译的翻译技巧，将其译为“小菜一碟儿”比较妥当。

除了饮食文化之外，物质文化还包括其他非常广泛的内容，如东西方的日常用品、服饰文化等。例如：

That engineer designed a glass partition with Venetian blinds.

那个工程师设计了一道活动百叶窗式的玻璃隔墙。

上例中，Venetian blinds 不是“威尼斯盲人”的意思，而是指“百叶窗”。

总之，在翻译过程中，物质文化差异对翻译的影响也是不容忽视的，只有准确把握这些文化差异，才能更好地翻译文章，从而达到不同民族文化交流的目的。

（三）生态文化差异对翻译的影响

生态文化主要包括一个民族在气候、地形、地貌等方面所形成的文化。由于各个民族有着不同的生活环境，导致各个民族的生态文化也存在很大的差异，各个民族、国家的生态文化具有很明显的地域性，尤其是表达同一种事物时由于受生态文化的影响，不同的语言中会用不同的语言形式进行表达。

第二节　文化差异下的翻译策略

在中西文化差异下，翻译需要坚持一定的原则和运用一定的策略，而这些原则与策略可以为解决全球化背景下的实际翻译问题提供理论依据。下面就重点来分析和探讨文化差异下翻译的原则和策略。

一、文化差异下翻译的原则

由于文化差异性的存在，在进行翻译时译者必须要遵循一定的原则。奈达在《语言·文化·翻译》这本书中提出，翻译中的文化因素应该受到更多的重视，他进一步发展了“功能对等”理论。当奈达将文化看作一个符合系统时，文化在翻译中就获得了与语言相当的地位。翻译不仅是语言的，更是文化的。因为翻译是随着文化之间的交流而产生和发展的，其任务就是把一种民族的文化传播到另一种民族文化中去。因此，翻译是两种文化之间交流的桥梁。

因此，一些学者对奈达的理论进行分析，从跨文化交际的角度总结出了几条文化差异下翻译的原则，即平等原则、文化再现原则、风格再现原则、跨文化交际原则。

（一）平等原则

文化的交流和传播是以互相平等、互相尊重作为前提的，在翻译的过程中，译者要忠实地展现原语言的文化。如果对原语言进行随意篡改的话，不仅不利于沟通，而且在很大程度上会加大文化间的沟通障碍。这对生活在不同文化间的人群带来莫大的困难。

（二）文化再现原则

随着信息社会的发展，人们对翻译的性质的认识也进一步发展，翻译为两种文化交流的桥梁。简单来说，翻译其实就是跨文化的传输。从翻译的性质和任务来说，我们可以将翻译原则归纳为文化再现，而文化再现又包含以下两个层面。

首先，文化再现应该能够再现原语文化的特色。例如：

原文：巧妇难为无米之炊。

译文 1:Even the cleverest housewife can not make bread without flour.

译文 2:Even the cleverest housewife can not cook a meal without rice.

译文 1 将“无米之炊”翻译成了 make bread without flour，即没有面粉的面包，这样翻译主要是为了适应西方人的传统饮食习惯，西方人对大米并不熟悉，主要以面包为主，因此这样翻译主要是为了方便西方人的理解和接受。但是译文 2 就直接再现了原文的意义，直接将“米”翻译成了 rice，这并没有损害原文的意义，因此这是符合整个作品的文化背景的，这就是再现原文的文化特色。

其次，文化再现还应该能够再现原语言的文化信息。这是由于语言与文化相互依存的关系决定的，跨文化翻译既然是一种语言的转换，那么必定是不同文化信息的转换。因此在翻译的时候需要理解原文所包含的文化信息，进而将其再现出来。

从文化再现的两个方面可以看出，文化再现的翻译原则体现了翻译的任务和性质，译者应该时刻注意并牢记。跨文化翻译的真正归宿是通过语际的转换来再现原语言的文化内涵，实质是为了交流不同文化的信息。我们想一下，如果翻译仅仅是保证语言的忠实和通顺，并没有再现原文的文化信息，那么这样的翻译究竟可以给读者带来什么样的意义呢？

（三）风格再现原则

文化翻译的过程中还需要遵循风格再现原则。通常而言，风格包含以下几个方面内容。

1. 文体的风格，如诗歌、小说、法律、新闻、科技文等不同的文体有着不同的风格，要求译者在进行文化翻译时，做到文体风格再现。在风格的各个方面中，文体风格是最主要的。例如，在翻译法律条文时，不能将其严肃、庄重的语言翻译成口语色彩浓重的白话。

2. 人物的语言风格，也就是见到什么人说什么话，这在文学作品中尤为显现。

3. 译文应尽量体现或简洁或华丽、或庄重或俏皮等原作者的风格。下面以《论学习》（Of Studies）为例。

Studies serve for delight for ornaments and for ability. The chief use for delight，is in privateness and retiring; for ornament，is in discourse；and for ability，is in the judgement and disposition of business. For expert men can execute，and perhaps judge of particulars，one by one; but the general counsels，and the plots and marshalling of affairs，come best from those that are learned.

（Francis Bacon：Of Studies）

读书足以怡情，足以博彩，足以长才。其怡情也，最见于独处幽居之时；其博彩也，最见于高谈阔论之中；其长才也，最见于处世判事之际。练达之士虽能分别处理细事或一一判别枝节，然纵观统筹、全局策划，则非好学深思者莫属。

原文中的思维严谨、文笔洗练，是一篇脍炙人口的传世佳作。而王佐良的译文也是相当完美，无论是从文字到风格，还是从形式到内容，都很好地再现并忠实于原文信息。译文与原文实现了水乳交融，可谓是一代经典。

（四）跨文化交际原则

作为跨文化交际的一种活动，译者应该坚持跨文化交际的原则，在研究不同语言体系下的转换和功能对等的基础上来考虑文化因素，从而实现深层次的文化内涵和文化思想的传递。这主要从三个方面进行体现。

1. 重语言的文化内涵，突破语言的界限。人类丰富的社会内容使不同地域的文化千差万别。作为人类社会的产物，语言也展现出了多样性的特点。在译者学习语言过程中，应该注重学习不同文化的内涵，通过对比其他民族语言的优势和特点，来找到不同语言间的差距。译者不能单单局限于自身的视角范围之内，而应该扩展视野，从而搭建多元文化的桥梁。

2. 尊重文化多样性。每个民族的文化其实都是顺应其自身的环境、经过历史的变迁而逐渐积累起来的。因此，译者面对不同的环境，应该根据自身的目标来运用不同的解决方案，发挥出自身的优势，也展现出异国文化的特色。文化多样性是人类文化存在的基本形态，是不同文化间交流的源泉，因此应该予以尊重。

3. 培养跨文化交际素养。在突破语言界限以及尊重文化多样性的基础上，译者也应该深入了解双方的文化，找到两种文化之间的连接点。同时，译者能够处理语言转换过程中的偏误和缺失问题，结合不同文化的角度和视野，从而翻译出一个全面而又立体的文化风貌。

二、文化差异下翻译的策略

在进行翻译的过程中，译者需要在遵循一定原则的基础上采用适当的策略进行翻译，这同样适用于文化翻译。归化策略和异化策略是英汉文化翻译的两种主要策略。二者之间是相互影响、相辅相成的。译者要根据具体语境，辩证的眼光灵活地运用这两种策略。除此之外，还有归异互补策略，下面对其逐一进行详细分析。

（一）归化策略

归化是指对原语的语言形式、文化传统和习惯的处理以目的语为归宿。换言之，用符合目的语的文化传统和语言习惯的“最贴近自然对等”概念进行翻译，以实现功能对等或动态对等。

尤金·奈达是归化理论的代表。他指出，翻译作品应是动态对等的，表达形式与文化都应符合目的语规范。他认为好的翻译无论是在遣词造句，还是在表现形式，或者是行文风格上，都应该置身译文读者的文化领域，要尽可能地符合译文读者的阅读心理和习惯。

翻译过程中，受文化差异的影响，很多译者经常会遇到各种翻译障碍，有些障碍甚至对于译者来说是难以逾越的。如果他们选择的策略失误必然会导致译文晦涩难懂，极大地影响读者的理解和接受的效果，因此译者需要采用归化翻译策略进行翻译。前面已经提到，归化策略是以译语文化为归宿的，它要求顺应译语读者的文化习惯，强调读者的接受效果，力求译文能被译语读者接受并确保通顺易懂。

归化策略的一般做法是抓住原文语用意义，从目的语中选取与原文语用意义相同的表达来翻译。也就是说，归化策略是将原文独具特征的东西采取“入乡随俗”的方法融入目的语中的转换方法。从语言形式上或者其形式上所负载的文化内涵来说，归化策略更倾向于目的语。总体而言，归化就是使语言更倾向于本土化。例如：

The cold，colorless men get on in this society，capturing one plum after another.

那些冷冰冰的、缺乏个性的人在社会上青云直上，摘取一个又一个的桃子。

原文中的plum指的是“李子”，在西方文化中，“李子”代表着“福气”“运气”，然而在汉语文化中，“李子”却没有这一层寓意。为了便于读者接受，译者将其换成汉语中同样具有表示“福气”“运气”的“桃子”，这样的译文会令汉语读者体会到原文所要表达的真实含义。

从上述例子中可发现，归化是从译人语的角度出发进行翻译的，这更为读者的阅读心理和习惯考虑，给读者以亲近感。

归化策略有其自身的优点，即它不留翻译痕迹。由于英汉语言在社会环境、风俗习惯等方面存在一定的差异，导致文化也有很大的不同。同一种事物在不同的文化中有着不同的形象意义，因此翻译时需要将这些形象转换为译语读者所熟悉的形象。尽管归化中的形象各异，但是却有着相似或对应的喻义，这样的译文也能保持所描述事物固有的鲜明性，达到语义对等的效果。例如，as poor as a church mouse 译为“穷得如叫花子”，而不是“穷得像教堂里的耗子”；to seek a hare in hen’s net 运用归化策略翻译成“缘木求鱼”，而不是“到鸡窝里寻兔”。

然而，归化翻译策略也存在着一定的缺陷，即它过滤掉了原文的语言形式，只留下了原文的意思。这样一来我们有可能失去很多有文化价值的东西。如果每次遇到文化因素的翻译，译者都仅仅使用自己熟悉并习惯的表达方式，那么将会给译文读者带来一定的阅读障碍，导致译文读者无法了解原语文化中那些新鲜的、不同于自己文化的东西。长此以往，则不利于跨文化间的交流与沟通。例如：

It’s as significant as a game of cricket.

这事如同板球比赛一样。

由于中国读者对板球这项运动不是很熟悉，很难了解板球的文化内涵，因此译者在翻译时，最好能够突出原文要表达的重要内容，从而译为“这件事很重要”，尽管这种译法简单易懂，却造成了文化内涵的损失，令中国读者无法体会到其中的文化意蕴，更无法了解板球赛在西方文化中的重要性。

综上所述，在使用归化策略进行翻译时，需要充分地考虑目标读者、原文的性质、文化色彩等方面的因素。

（二）异化策略

所谓异化策略，就是指译者在翻译的时候应该尽量向作者靠拢，不应该扰乱到作者，这样才能使读者更靠近作者，也更接近作者的思想，简单来说就是译文要保留作者所在国家的情调。

在全球化大背景下，金惠康先生从话语权的扩大、译者的责任以及文化进化理论这三个层面来分析了异化策略。他认为当今的社会背景要求译者应该肩负起文化交流与传播的双重任务。译者不仅能够将西方的文化介绍到国内，也可以将本民族的文化传播出去。采用异化的策略，能够帮助读者争取更多的话语权，这就是话语权的扩大。另外，译者应该认清自己的使命，认识到中西文化各自的特点，外来的文化是不可取代其内在文化。

其次，刘宓庆也认为文化翻译应该注重真实性，要求译者要以译语作为立足点来真实对待原语文化。

除了两位学者之外，对于异化策略极其看重的应该属于美国翻译家韦努蒂，他认为目的文化不应该占据主导的地位，应该着重突出原文的意义。

另外，他还提出了反对译文通顺的策略，因为他认为达到译文通顺就必然会改变原文的意义。

从上面几位学者的意见可以看出，异化策略是针对话语权这一意识形态而考虑的，但是这种观点显得过于极端，在实践的层面很难达到这一点。在实践层面上来说，归化策略也是不可少的。下面就来介绍一下归化策略。

异化翻译策略一般出现在存在文化差异的语境中，其特点就是鲁迅提出的“保留异国情调，就是所谓洋气”。在翻译中，译者传递给读者的原语文化信息越多，其译文就越忠实于原文。异化策略多用于下列语境。

1. 用于不同的宗教文化中。由于不同民族都有着各自的宗教信仰，宗教在各民族长时间的历史沉淀下保留了许多固定的关于宗教的词汇、句式，因此翻译时要尽可能反映出来。采用异化翻译策略是较好的选择。例如：

谋事在人，成事在天。

man proposes，heaven disposes.

2. 用于不同的心理与思维方式中。中西方的心理与思维方式因社会的影响、文化的熏陶导致其存在一定的差异。对于这类翻译，译者应优先选择异化法。例如：

胆小如鼠

as timid as a mouse

译文中，采用异化翻译策略有利于保留原语文化形象，有效传达原文的信息，利于西方读者加深对中国文化的了解和理解，促进跨文化间的交流与沟通。

综上发现，异化翻译策略具有以下几个优点：可以提高原语表达在译入语中的固定性和统一性，利于保持译语表达与原语表达在不同语境中的一致对应；异化翻译策略可以实现译语表达的简洁性、独立性，保持原语的形象；运用异化策略进行翻译还有助于提高表达的语境适应性，提高译文的衔接程度。

（三）归异互补策略

上面已经介绍了归化策略和异化策略的相关知识，各有利弊，因此在有些翻译中可以选用归异互补策略。

作为翻译的两大主要翻译策略，归化和异化二者之间是对立统一的，都有其各自的适用范围，然而在很多语境中，仅仅使用归化或者异化无法传达出原文的真实内容，这就需要采取归异互补策略。

归异互补策略的概念得到郭建中博士的支持，他曾指出，“翻译中的归化和异化不仅是不矛盾的，而且是相互补充的，文化移植需要多种方法和模式”。翻译过程中采取“归异互补”的策略，有利于中国文化的繁荣与传播。在具体分析归异互补策略之前，首先分析归化策略和异化策略两个方面的极端。

1. 过分的归化。过分的归化，是指不顾原语的民族文化特征，不顾原文的语言形式，一味地追求译文的通顺和优美，甚至在译文中使用一些具有独特的译语文体色彩的表达手段，这就有可能会导致“文化误导”。

2. 过分的异化。过分的异化，是指完全不顾及译入语的表达习惯及读者的需要，完全追求原文的形式，这就必然会造成文章晦涩难懂。例如：

What a comfort you are to your blessed mother，ain't you，my dear boy，over one of my shoulders，and I don't say which!

（Charles Dickens：David Copperfield）

译文 1: 你那位有福气的妈妈，养了你这样一个好儿子，是多么开心。不过，你可要听明白了，我这个话里可有偏袒的意思，至于是往左偏还是往右偏，你自己琢磨去吧！

译文 2: 你是你那幸福的母亲多么大的安慰，是不是，我亲爱的孩子，越过我的肩头之一，我且不说是哪一个肩头了！

上例中，译文 1 刻意追求对原文进行异化，虽然坚持了与原文的对应，但是对于汉语读者来说，读起来却让人不知所云。而译文 2 采用归化的翻译策略，将原文内在的含义清晰地翻译出来，可以轻松让汉语读者理解和把握。

3. 归异互补法。结合以上的论述可得知，好的翻译就是在两种翻译策略中寻找一个折中点。这就需要译者对原文内容进行仔细地研究，弄明白原文所要传达的信息，在对翻译目的、文本类型、作者的写作意图等层面进行分析的基础上，选择恰当的翻译策略进行翻译。例如：

I gave my youth to the sea and I came home and gave her（my wife）my old age.

我把青春献给了海洋，等我回到家中见到妻子的时候，已经是白发苍苍。

译文综合运用了归化策略和异化策略。其中，将 I gave my youth to the sea 译为“我把青春献给了海洋”，采用归化翻译策略；而 I came home and gave her（my wife）my old age 译为“等我回到家中见到妻子的时候，已经是白发苍苍”，采用了异化翻译策略。如果仅仅采用归化或者异化其中一种策略，则无法清楚地传达原文的真实含义。

第四章　英汉语言对比

受地理、文化、宗教信仰等因素的影响，英汉语言存在着诸多方面的差异，这些差异给英汉翻译带来了障碍和困难，因而对两种语言间差异的探究与分析是进行英汉翻译的前提和必要准备。本章就从词汇、语义、句法、修辞、语言结构及语篇等层面对英汉语言进行探究分析。

第一节　英汉词汇对比

事实上，任何语言的词汇既在原有词汇的基础之上丰富和扩展，同时还处于一种动态变化、发展过程中。英汉两种语言也是如此，词汇作为语言中最基本的要素，不同语言的词汇在其发展的历史上形成了固有的特点，但也会随着文化的交流产生深度的融合与交流等。下面就对英汉词汇的整体差异进行对比和探究。

一、构词法对比

（一）从构词形式看，英汉语都有前缀、后缀，英语更发达

1. 前缀

英语词汇常用的前缀约 130 个，汉语只有几十个，前者如“auto-/pre-/anti-/mis-/un-”等；后者有“自、前、反、非、不、超”等。英汉前缀在意义上基本呈一种对应关系，如 pre- 对应“前”，anti-/counter- 对应“反”，ir-/un-/de-/a-/im- 对应“不”等。主要不同有：一是汉语部分前缀在英语中没有对应表达，如“阿、初、本、第、老”等；少数汉语前缀与英语后缀对应，

如汉语前缀“能、使”与英语后缀 able 对应，可能行的——workable、使人舒服的——comfortable。

汉语前缀“使、变”与英语后缀 -en 对应，变硬——harden，使某人更强——strengthen；汉语前缀“女”与英语后缀 -ess 对应，女招待——waitress，女演员——actress。二是英语大部分前缀（en-，a-，be- 除外）只能改变词义，不能改变词性；而汉语绝大部分前缀两种功能均可，如“超＋速”即“超＋名词”改为动词“超速”，“打＋工”即“打＋名词”改为动词“打工”。

2. 后缀

英语后缀有 220 个之多，其中名词后缀 100 多个。例如：“-Sion/ness/-ation/-ist/-ity”等；形容词后缀近 80 个，例如：“-icy/-ive/-ent/ary/-ory”等；其他的是副词、动词等的后缀，例如：“-ize/-ise/-ify/-ward/-wise”等。汉语后缀不多，主要是名词后缀，例如“头、员、性、主义、分子”等。语义上，所列英汉后缀基本呈对应关系。主要不同有：一是汉语后缀“头、儿、子”没有相应的英语后缀，如桌子、来头、头儿等；二是汉语中有一种三音节后加式词语，内词根和一个叠音后缀组成，英语中没有对应的后缀，如黏糊糊、灰蒙蒙、酸溜溜等；三是汉语中一些派生出的新词语，英语中也没有对应的后缀，如上班族、考研热、危机感等词里后缀“族、热、感”等；四是英语的构词形态很少使用句法关系，而汉语后缀构词法引入了句法关系，且应用广泛，如：汉语后缀生成的词语中含有动宾关系如“布道师”，主谓关系如“私有化”，并列关系如“压榨机”等。

（二）构词方法比较

1. 复合构词法

英、汉语的构词法都很发达。英汉语中都存在大量的复合词，其中以名词居多。就复合词的句法关系来看，英、汉语分四种：主谓、动宾、偏正和并列。但是，有时在同一种句法逻辑关系中，英汉复合词在结构格式上仍然存在不同，如同为动宾关系的“letter-writing 和写信”，前者为“letter（名词）+writing（动词）”，后者为“（写）动词＋（信）名词”：同为主谓关系的“earthquake 和地震”，前者为“earth（名词）+quake（名词）”，后者为“地（名词）

+震（动词）”；同为偏正关系的“grandfather 和祖父”，前者为“grand（形容词）+father（名词）”，后者为“祖（名词）+父（名词）”。

2. 转化构词法

通常英汉语转化法构词类型主要有名动、形动、形名之间的转化。英语有时有语义和语音的变化，如“drink”由名词转化为动词，既有“喝”的意思，还有“吸收”的意思；“digest”由名词转化为动词时重音由第一个音节移到第二个音节。汉语也涉及语音变化，如“种”由名词的上声转化为动词“种”的去声；但是，英语同一个词可以有多种转化，形容词“like”可转化为连词、动词、介词和名词等。

3. 缩略构词法

英汉语都广泛使用缩略语，但构词方法有不同。英语常用的缩略法有：融合法，如 motel（motor+hotel）汽车旅馆；首字母拼音 / 拼缀法（acronyms/initials），如 sonar（sound navigation and ranging）声呐装置；截短法（clipping），如 mobile（mobilephone，截去尾部）移动电话，fridge（refrigerator，截去头尾）冰箱，phone（telephone，截去头部）电话。汉语常见的缩略法有：并列式，如“教学”（教育+学习）；动宾式，如“投产”（投入+生产）；偏正式，如“特警”（特殊+警察）；同数字法，即采用缩略对象中相同的字，在该字前冠以缩略对象的数目而构成新词，如我们熟悉的“五讲”（讲文明、讲礼貌、讲卫生、讲秩序、讲道德）；求同存异法，即采用缩略对象的相同成分，和所剩不同成分结合构成新词，如“指导员”（指挥员、教导员）；去同存异法，即去掉缩略对象相同的部分，然后将不同成分合并构成新词，如“亚非拉”（亚洲、非洲、拉丁美洲）；还有一些约定俗成的特殊缩略形式，如“新马泰”（新加坡、马来西亚、泰国）等。唯有掌握缩略对象的构成规律，在翻译时，找出原词或词根，参照上下文从词形上加以判断，除了新造词外，它们的新义不会与原词或词根的本义相距太远。

二、英汉词类对比

从词类方面来看，英语和汉语在词类上大体一致，都有名词——noun，动词——verb，形容词——adjective，代词——pronoun，副词——adverb，介词——preposition，连词——conjunction，感叹词——interjection。但是，汉语量词如个、本、只等，英语没有量词。在英语里多是名词表示汉语量词的意思，称其为“表量词”，如：inch/yard/mile 等；汉语有语气助词，如之、啦、呀等，英语没有。英语有冠词（a/an/the），汉语里没有；英语中的关系代词和关系副词在汉语中没有对应的词类。然而，词类空缺并不表示不能翻译，只要词汇有意义，都能用语言表达，这是语际翻译得以存在的根本原因。下面就英汉词类上的不同分述如下。

（一）英语冠词的翻译

1. 当不定冠词 a，an 表示数的概念时，和 one 同源，表示“一”。

2. 不定冠词还可以泛指种类，英译汉时，通常不必译出。

3. 定冠词 the 表特指时与 this，that 意思相同，即对话人双方都明白指的是谁或什么。

（二）英语的关系代词和关系副词的翻译

若关系代词指物或人，可用其所指代的名词来翻译，也可用“他（们）、她（们）、它（们）”等代词翻译；关系副词“where，when”则可用汉语的介词短语“在某地、在某时”等翻译。

（三）对汉语的语气助词的翻译

英语里可用语音、语调、标点符号、特殊词语和词序来表达。

（四）汉语量词的翻译

汉语中的量词常和数词结合成数量词，而英语没有量词，所以译成英语时，一般只译数词，而不译量词。如“三个工人”译成“three workers”。但是，汉语中的量词也可以翻译成一些表示量的概念的名词。这种特殊量词，在结构上采用“名词 +of+ 名词”等形式。

三、英汉词义对比

就英汉词义比较来说，英语词的含义范围比较广，词义对上下文的依赖性较大。而汉语词义比较严谨、凝滞，词的含义范围较窄，词的意义对上下文的依赖性较小。汉语“因形见义”，即形对义的制约很大，主要原因是汉字属于方块字，单独成义，大量存在着象形字和会意字，如“日”就是象形字，“裤子”中的“裤”字是形声字。就整体而言，汉语一词多义的现象远不及英语。英汉词义大致呈以下四种对应方式。

（一）完全对应

这主要是一些已有通用译名的专有名词、科技术语和日常生活中一些事物的名称。

（二）部分对应

英语和汉语中的多义词，意义的概括上有广狭之分。如 brother（兄、弟）、乐（joy，fan，glad，pleasant）等。

（三）无对应词

主要是语言缺项和文化缺项。英、汉语的名词的范围广狭不同，汉语的名词除了哲学意义上的，其他都很具体，而英语从形容词和动词转化而来的名词则很抽象，在汉语里没有和他们对应的。另外还有许多文化词语及因发展差异而空缺的一些科技新概念的词在汉语里也没有对应之词。

（四）表层意义对应，但深层意义不同

有些词语表层意义相对应，但由于文化审美、价值取向的不同，词语代表的深层意义也不对应。这主要是由英汉语中大量存在的一词多义的原因造成的，多义词的具体意义只有通过上下文才能确定。由于汉语词的内涵与外延丰富，相对来说，汉语的意义层次有更多的理解。

四、英汉优势词类差异对比

由于英、汉两种语言词类划分方法的不同，词汇在数目和种类上都存在诸多差异。但一些如名词、动词、代词、介词、形容词等主要词类却在两种语言中普遍存在。然而在表意功能和使用频率上，两种语言的优势和主导词类却存在明显的差异，在此将从以下几个方面加以对比。

（一）英语的介词优势及名词主导

1. 英语的介词优势

英语的介词优势在很大程度上是基于英语名词的优势。英语介词的数量虽然十分有限，却是最为活跃的词类。其表意功能很强，且用法灵活。例如：

All disputes arising from the execution of or in connection with the contract shall be settled through friendly consultation between both parties.

在执行合同中出现的，或与合同相关的所有争议，将由双方通过友好协商来解决。

英语中介词的频繁使用主要有以下几个方面的原因。

（1）名词或形容词用于表示动作时，需要借助于动词。例如：

The music was expressive of the composer's grief.

音乐表达了作曲家的哀伤。

（2）“to be+ 介词短语”结构可代替动词。例如：

The program is well under way.

计划执行得很顺利。

（3）介词一词多义的特征突出。

（4）复合介词结构具有动态性特征。这种结构主要是指“介词 + 名词 + 介词”的组合。其中此处的名词是由动词派生而来，且大多具有动态性。例如：

On account of Mary,we decided to refuse the job.

考虑到玛丽，我们决定不接受这份工作。

同时，还有一种“with（without）+ 宾语 + 宾语补足语”这一结构，通常用于补充说明附带的情况和细节，使用也很普遍。此结构中 with 后的宾语相当于该结构的逻辑主语，其后的形容词、分词、介词短语、副词相当于该结构中的逻辑谓语。例如：

She was asleep with her head on his arms.

她头枕在手臂上睡着了。

同时，with 的这种结构生动、灵活，也常用于表示伴随状况下的方式、行为，有鲜明的动态倾向。例如：

With the bus drivers on strike,we'll have to walk to our workplace.

由于公共汽车司机罢工，我们不得不步行去上班。

2. 英语的名词主导

英语是一种形态丰富变化的综合型语言。在英语中，名词占主导优势，主要体现在以下方面。

（1）英语句子中一般只存在一个谓语动词，且受制于形态变化的约束，而许多名词却从动词变化而来，形态变化相对简单，用于表示动作，具有动态、行为、状态、品质、情感等含义。例如：

She failed in this exam,so she felt disheartened.

可改为简单句结构：

Her failure in the exam made her disheartened.

（2）偏好使用抽象名词也是英语名词主导优势的一个重要体现。这种现象在科技语体中更为常见。例如：

A frequent subsection of this problem section is a review of past research on the topic being investigated.

本例中 subsection，review 都是抽象名词，凸显了英语名词化的特点。

英语中存在大量的抽象名词，很多都是由虚化功能的词缀尤其是词后缀合成。例如，-dom 作为后词缀的词有 officialdom，freedom 和 kingdom 等。诸如 -ness，-ion，-ship，-dom，-th，-ment，-ing，这些后缀大都用于表示程度、性质、技能、状态、行动过程、身份等词汇，进行汉语转换时要加上一些诸如“度、性、论、品”等。例如：corrosive 腐蚀性、relativity 相对论、

arrogance 傲慢态度、infiltration 渗透作用。

（二）汉语动词的主导地位及优势

和英语相比较而言，汉语动词占主导的优势比较明显。其动词的使用频率远远超过英语。汉语中的动宾结构、连动式、兼语式结构都比较常见。例如:

你妈妈叫你马上回去。

我带孩子上街去走走。

第一句是“兼语式”，其中“你”是“叫”的宾语，又兼做“回去”的主语。第二句是“连动式”，三个动词“带、去、走”连用。将这两句话译成英文，句中却只有一个动词。

Your mother wants you back at once.

I took my child to the street for a walk.

汉语中的这种“连动式”和“兼语式”不仅用作谓语，还可以用作主语、定语、宾语、补语等。例如：

我的任务是领这些孩子在海边游泳。（宾语）

这一番鼓励的话，把他讲得无话可说，领着孩子就去海边游泳了。（补语）

由此可见，在汉语中动词的使用相对很自由，主要是因为汉语中介词的贫乏和分词的缺失，英语中却不是如此。英语常使用介词和分词，汉语则经常直接用动词。此外，汉语的动词优势还在于它无动词形态变化，无定式和非定式之分，且没有语气变化。因而在使用时更加自由、灵活、方便。

五、英汉词序对比

词序即词或词组在句子中的排列顺序。英汉语句子的主要成分基本相同，都有主语、谓语、宾语、定语、状语、表语（汉语中称判断性合成谓语），但担任这些句子成分的词序，却大相径庭。差别主要表现在主语、定语和状语的排列顺序，以及英汉语中一些约定俗成的单词排列顺序。

（一）主语的位置

在大多数陈述句中，英汉语句子的主语的位置基本上是一致的，即主语在谓语前面，但在疑问句、there be 句型以及否定词、副词作引导词的句子，英语主语要放在谓语后面，实行全倒装或半倒装。汉语里，主语的位置很固定，无论在什么句型中，主语通常都放在谓语的前面。偶尔有谓语前置现象，常见于疑问句、祈使句和感叹句，谓语和主语之间一般有停顿，书面上用逗号隔开，构成“谓—主”格。

（二）定语的位置

1. 定语是用来限定、修饰名词或代词助词成短语，在汉语中常用“……的”表示。英语定语的位置比较灵活，可置于被修饰对象之前和之后，汉语定语的位置比较固定，通常放在其限定修饰词的前面。英语中当形容词、物主代词、数词、纯分词、名词及名词所有格做定语时，一般前置，而当介词短语、分词短语、动词不定式短语、从句做定语时一般要后置。

2. 英语中，如果有几个定语共同修饰一个名词时，一般须根据它们与被修饰的中心词之间关系的密切程度来确定先后顺序。通常遵循以下原则：描绘形容词—大小（长短高低）形容词—形状形容词—年龄（新旧）形容词—颜色形容词—国籍形容词—材料形容词—用途（类别）形容词—名词。

（三）状语的位置

英语状语的位置要比定语的复杂。状语说明地点、时间、原因、目的、结果、条件、方向、程度、方式等。一般放在句末，也可放在句首或句中。

1. 英语的状语通常放在动词、形容词或整个句子后面，而译成汉语时通常放在它们前面。

2. 英语中的状语排列顺序为：先小后大（时间地点的大小），先短后长（词的长短），与主语有关的紧挨主语放。而汉语中多项状语的一般顺序排列：表时间、处所的词语或短语 + 表目的、原因或条件的介宾短语 + 表范围、程度的短语 + 表情感的词语或短语。常见的不同，如英语中地点状语和时间状语由小到大排列，汉语正好相反，即由大到小排列。

3. 英语中如果有几个状语出现，即有地点状语，方式状语又有时间状语，一般是较短的在较长的之前，方式状语在地点状语之前，地点状语在时间状语之前。翻译时，要按照英汉语习惯调整如下：

英语：主 + 谓 + 宾 + 方式状语 + 地点状语 + 时间状语；

汉语：主 + 时间状语 + 地点状语 + 方式状语 + 谓语。

六、英汉词汇文化色彩对比

英汉词汇的文化色彩也自然而然地反映在两种语言中，具体有以下几方面的体现。

（一）相同事物表达不同的语用意义

在英汉两种语言中，在许多方面会用相同的事物表达不同的语用意义。在数字词汇的文化内涵上也存在差异。

（二）不同事物表达相同的语用意义

不同事物表达相同的语用意义也是英汉词汇文化色彩的一种表现。例如，在汉语文化中，老虎被誉为“百兽之王”，英语文化中的人们则将狮子称为“百兽之王”。因而在两种文化之间进行转换时，就需要发生文化上的迁移。例如:

A lion in the way 拦路虎

（三）英汉语中词汇语用意义的无对应现象

除了上述两种情况外，英汉语中有些词汇的语用意义在其相对的语言中根本不存在。因而在进行两种语言的翻译或理解时应格外注意。例如：

池子里捕大鱼，太湖里放生。

Penny wise and pound foolish.

本例中“太湖”无法在英语中找到相应的对应词汇，对于不了解中国地理的英语读者而言，这个谚语的文化内涵相对有些难理解。此处借用了英语的谚语，对应翻译，既达意，又传神。

七、英汉词汇的搭配能力对比

英语和汉语在词的搭配能力方面差异较大，主要是由英汉词汇的多义性引起的，英语词汇的语法意义和汉语词汇的逻辑意义造成的。相对而言，英语动词的搭配能力更强。现以名词和动词与其他词或短语的搭配为例分析如下。

（一）名词与其他词的搭配能力

1. 英语名词的主要功能是充当名词词组的中心词，通过名词与冠词、形容词和数词等的搭配，可以作句子的主语、宾语、定语和状语，这一点与汉语基本相同，但是英语名词一般不能单独做状语，常常是和其他的修饰语一起构成名词词组作句子的状语，而汉语中可以直接修饰动词作状语的名词不多，能够被名词修饰的动词数量也很少。

2. 汉语名词可以作谓语，英语名词没有这种功能。但汉语里名词充当谓语要受一定条件限制，即限于口语里的肯定句和说明时间、天气、籍贯、年龄、容貌等的短句，翻译成英语时，一般都可以加“是”，很像英语中的系表结构。

（二）动词与其他词的搭配能力

英语动词的搭配能力很强。以 put 为例，它可和介词、副词、代词、名词等组成词组。

大量英语短语的存在给英汉翻译造成了许多困难，因为短语的意思并不总是构成短语的各个词的意思的总和。翻译时应十分小心。

汉语动词的搭配能力也很强。以“做”为例：做衣服、做家具、做饭、做诗、做文章、做材料等。但是，译成英语时须根据上下文选择不同的英语动词或动词短语。

第二节　英汉语义对比

任何语言的词语意义都处在“特定的语义构成环境”的参照框架之下，其中包括民族历史文化、心理和观念形态、社会和经济形态以及自然环境。这些因素对语义形成一般具有以下二者之一的成因：一是反映式的，即语义产生的对于客体的直接反映，包括大量具有民族特征的神物、器具、服饰、食物、山川、地理等有形的观念以及社会心理、道德、伦理、典章制度等无形的观念，如英语中的 cheese（奶酪）、fire-place（壁炉）、parliament（议会）等；汉语的芦笙（lusheng）、景泰蓝（cloisonne）、熊猫（panda）等。二是折射式的，即语义产生对于客体的间接反映，如英语中的 vealy（幼稚的，语义来自 veal 即小牛、小牛肉），claim one's pound of flesh（逼债，语出莎士比亚）；汉语中的铁饭碗（a secured job）、饭桶（fat-head）等。

一般来说，英语词义比较灵活，词的含义范围比较宽、比较丰富多变，词义对上下文的依赖较大。汉语词义比较严谨，词的含义范围比较窄、比较精确固定，词义的伸缩性和对上下文的依赖性比较小，独立性比较大。英语中 uncle 一词既可用以指"伯父""叔父"，又可用以指"姑父""姨父""舅父""表叔"和没有什么亲属关系的"大伯""大叔"等；同样，aunt 一词既可用以指"伯母""婶母"，又可用以指"姨母""姑母""舅母"和没有什么亲属关系的"阿姨"或"大婶"之类。parent，这个词在英语中可用以指"父亲"也可用以指"母亲"。I am a young teacher with no experience as a parent，but I have a suggestion for parents. 说这句话的人可以是男的，也可是女的；但在汉语中，说话的人则通常是根据自己的性别说明"没有做父亲"或"没有做母亲"的经验，只是在泛指的场合才说"做父母的经验"。英语一向被认为是一种适应性、可塑性较强的语言。埃里克·帕特里奇说，英语中有一句话："词本无义，义随人生。"（Words do not have meanings; people have meanings for words.）罗伯特·霍尔在谈到英语词义时说："人们在特定情况下赋予一个词的任何词义，理所当然地就是这个词的实际词义。"（Any meaning people give to a word is automatically its read meaning under those circumstances.）只要出于自然，无需词典来认可，也没有什么真伪好坏之分，有一切取决于"听者的感情态度"（the hearer's emotional attitude），"语言应当听其自然"（leave your language alone）。

汉语不同于英语。汉语源远流长，有其特殊的民族文化和历史传统，用词讲求词义精确、规范、严谨，历来以词义多流变，戒绝生造词义。孔子在公元前 479 年就提出了"正名"的主张。墨子在《小取篇》中说："焉摹略万物之然，论求群言之比，以名举实，以辞抒意，以说出故。"墨子主张名与实必须一致，反对词义游移迭变，莫衷一是。荀子在《正名篇》中提出了著名的“约定俗成”论，主张正名言实，力倡词义的规范化、社会化。汉语词义的严谨、精确、稳定，与历代各家所做的规范工作有很大的关系。但由于汉语词义比较固定，往往流于执着、凝滞，确实给翻译带来一定的困难，故而严复有“一名之立，旬月踟蹰”之慨。

英语词义灵活，突出地表现为一词多义。英语的词义在很大程度上视词的联立关系而定。词的联立关系不同，词的含义也就不同。而就整体而言，汉语同一个词的词义在不同的上下文中的差别就比较小，一词多义现象远不及英语。例如，英语 story 这个词，汉语的词义是“故事”。“故事”在现代汉语中是个单义词，而现代英语的 story 在不同的上下文中可以有许多不同的词义。

（1）具有“事件”“事情”“情况”“情形”等义。

It is quite another story now.

现在情形完全不同了。

（2）具有“报道”“消息”“电信”等义。

Last December,the Post first reported that probes were being made in each of those cities,but officials refused to confirm the story.

去年 12 月，《邮报》首先报道侦查工作已在那些城市里进行，但官员们拒绝证实这条消息。

（3）具有“内容”“内情”“真相”等义。

以上还不能涵盖 story 这个词在当代英语中常用的全部词义。新义是层出不穷的。相比之下，汉语的词义和稳定性就大得多，含义也窄得多。由此可见，词义辨析是英汉翻译的基本功，也是翻译理论的基本课题之一，如何辨析词义是翻译工作者最常面临的难题。

然而，人类生活在共同的、大体一致的生态环境和历史环境中。人类的感官功能、基本心理过程和思维结构是大体一致的。因此，在语言的“特定语义构成环境”参照以外，还有一个更广泛的共同的“一般语义构成环境”。因此，奈达坚持认为，各种语言具有等同的表达力。“一种语言所能表达的事情，必然能用另一种语言来表达。”他认为，人类的共同性多于差异，在人类经验和表达方式中，都存在一种“共核”。他列举了翻译中如何能找到同义语的大量事实，以论证自己的观点。最著名的例子，要算是处理“white as snow”（白如雪；雪白）这一英语成语了。他说，世界上有的地方一年到头不下雪，人们也从未见过雪，语言中也没有“雪”这个词，如果照字面直译，就会形成奈达所说的“零位信息”（zero message），毫无意义。在这种情况下，奈达提出三种解决办法：①如果那儿的人们没有见过雪，语言中也没有“雪”这个词，但也许他们那儿有霜，就可以用“霜”来表示“雪”的意思。这样，就可以译成“white as frost”；②各种语言之间往往有一些相应的习惯用语，如“白如白鹭毛”“白如蘑菇”等，尽管其来源不一样，但其引申意义和喻义是相同或相似的。这样，就可用目的语中相应的成语来翻译；③如果在目的语中没有相应的成语，那么就可译成“很白”或“非常白”。奈达最常用的例子是英语成语“spring up like mushrooms”。他认为，译成汉语时，完全可以用汉语成语“如雨后春笋”来替代。

上述我们从宏观的角度对英语和汉语的语义特征做了简要的介绍和对比，这些特征和异同将给翻译实践提供原则性指导。从微观上，我们可以将英汉语义之间关系分为以下几种形式。

一、对应式

无论汉语或英语，都处在基本的、共同的“一般语义构成环境”中。因此，词汇中的绝大多数，都可以在双语（及多语）中找到对应体（equivalents）。在当今社会，不同民族间的交往越来越深入、频繁，这不仅使不同民族的相互理解不断加深，也使得语言之间的对应式转换具有越来越大的可能性。翻开任何一本汉英字典都可以发现大量的汉英对应体：男子气——manliness，盘香——incense coil，旁白——aside，等等。对应式也称为契合式（correspondence）。

二、涵盖式

此类语义关系的词语亦称为文化含义词（culturally loads words），该词所指的事物或概念在对方语言中是有的，只不过在词义的宽窄方面不完全重合（overlap），也就是说只有某种程度的对等。不重合、不对等的部分有大也有小，于是造成了对方的词汇空缺。这种不重合、不对等的情况大都是由各自社会文化对客观事物和概念的不同切分而造成的。就汉语来说，最为典型的，莫过于亲属词的不重合，例如：哥哥、弟弟（brother）；姐姐、妹妹（sister）；伯母、婶母、姑母、舅母（aunt）等。

这种分类与称谓的不同，是由于中国和英美国家的社会文化不同造成的。中国拥有几千年的封建宗法社会历史，特别重视家庭成员关系，长幼有序，尊卑有别，而英美国家要么封建宗法社会历史比中国短得多，要么根本就没有这种历史关系。由于这种切分归类的不同，从而造成词汇意义的不对等，构成了词汇空缺。

三、交叉式

双语语义交叉指双语某一对应的语义场的涵盖面有重叠（契合）部分，也有交错（非契合）部分。这是一种比较复杂的语义关系，常常要求我们根据语境作细心地甄别，目的是析出契合部分以适应特定语境的需要。

四、替代式

替代式也可称为“易词而译”，即双语语义一致，但表达上变通；也就是说，力求获得语义上一致，必须放弃表面上的对应，以避免望文生义的错误。汉英之间处于替代式语义关系的词语很多。比如“妻舅”的表面意义是wife’s uncle，而实际上，应该是 wife’s brother（或 brother-in-haw）。这时如果不放弃表面上的语义关系，就会造成“望文生义”。这种“字面相应，语义相悖”关系的词语必须代之以表达同一所指的替代词语。在古汉语中“青天”并不是blue sky 而是“刚正不阿的判官”（或官员），即 upright and impartial judge/official。有时语义还涉及褒贬色彩，褒贬不一也不能只看字面关系，造成貌合神离。如“lock the stable after the horse is stolen”与“亡羊补牢”表面上对应，但前者的意义是消极的，而后者的意义是积极的。

五、冲突式

冲突式也被称为“语义相悖”。所谓“冲突”，指原语中的所指在译语中缺少能指。具有此类语义关系的词汇亦称为“文化词语”，因为文化词语所指的是某个民族特有的事物或概念，对方的语言文化中并无对等词，因此一般采用借用等方法直接植入本国语。其具体译法可归纳为以下五种。

1. 全借用法。如英语中的 rage，reservoir，detente 借自法语；pizza，soprano，scherzo 借自意大利语；plaza，peso，llama 借自西班牙语；而 blitzkreig，weltschmerz，Zeitgeist 等则借自德语。此类借用法多见于同一语系的语言之间。

2. 半借用法。如，英语中 serenade 借自法语（保留法语拼写 senerade，但读音已经英语化）；comrade 借自西班牙语（西班牙语 comarade，拼写与读音都略作改动，使之英语化）。这种半借用式多见于同一个语系之间，英汉语之间还未见到例子。

3. 音译。非同语系之间的文化词语，在没有创造出合适的新词之前，一般都采用音译的办法，如英语已吸收了汉语的 kalin（高岭土）、Kungfu（功夫）等词语，而汉语中来自英语的音译借词也比比皆是，如沙发、三明治、咖啡、吉普、夹克、芭蕾等。

4. 半音译。由两个以上语素或两个词构成的合成词或复合词，可以一部分采用音译，一部分采用意译而构成半音译借词。如，teahouse 来自汉语茶馆，其中 tea 为音译，而 house 为意译；而汉语中“迷你裙”则来自英语 miniskirt，“迷你”是音译，“裙”是意译。

5. 仿译。合成词或复合词可以采取按构成结构全部译意的办法借用。如“蜜月”honeymoon，“营火”campfire，“蓝领”blue-collar，“篮球”basketball，“黑板”blackboard，“超人”superman。

以上谈到的五种双语词语语义关系，广泛分布在词和词组里。在英汉翻译中，对词义的判断和对译词的推敲使一向自视自重、永无止境的艰苦思维活动纷繁驳杂，要求我们在双语转换中进行细心分析，以决定对策。

第三节　英汉句法对比

由于英汉两种语言所属语系的不同，所以英汉语言在句法结构方面也存在明显差异。下面仅结合英汉句子语序差异、英汉句子结构差异以及英汉句子语态差异进行对比分析。

一、英汉句子语序结构差异

句序是指复合句中主句和从句的顺序。英汉复合句中主句和从句之间的时间顺序和逻辑顺序不完全相同，所以它们的先后位置也不完全一样。英汉句子语序最明显的差异体现在英语语言的突显语序和汉语语言的时序统御。

（一）英语语言的突显语序

英语的突显语序主要是指其习惯于开门见山、一语中的，将重要信息置于句首。这种突显语序不依照时序组句，并且往往负载说话人的兴趣、句义重点，尤其在主从复合句中表现得比较明显。突显语序在信息安排方面有以下几种处理原则。

1. 先表态、后叙事。当句中叙事部分和表态部分同时存在时，英语往往表态在前，叙事在后。

2. 先结果、后原因。在英语句子中，如果因果关系同时出现在主从复合句中，其先后顺序有一定的灵活性。

3. 先前景、后背景。此处的前景是指信息的焦点、关键信息，背景指事件发生的时间、地点以及其他次要信息和细节。英美人喜欢将信息焦点放在句首。

（二）汉语语言的时序统御

在汉语句子建构时，自然时序法则是比较明显的语序现象。在信息安排方面主要有以下几种处理原则。

1. 先叙事、后表态。汉语的句子建构一般采用叙事在先，评判和表态在后的方式。例如：

他会干这种事？我不相信。

I don’t believe that he should have done such things.

例句遵循了先叙事来铺垫原因，再表明态度观点的顺序。

2. 先偏后正、先因后果。在汉语句子中，先偏后正、先因后果的排列结构也很常见。例如：

要是你有急事要办，不要去找那种显然没有多少事可做的人。

If you want something done in a hurry, don’t go to the man who has clearly not much to do.

她身体很弱，不能动手术。

She cannot be operated upon as she is very weak.

3. 先背景、后焦点。汉语句序还往往遵循自然的线性序列即先介绍背景情况如地点、时间、方式，然后再说出话语的信息。例如：

我每年放暑假都到老家山东和父母亲住一两个月。

I went to live with my parents for a month or two every summer vacation in my hometown Shandong.

本例中，在动词“住”之前，先介绍地点“老家山东”和时间“每年放暑假”以及动作方式“和父母亲住”这些背景信息，遵循了“行为主体—行为的各种标记—主体行为—行为客体”的语序。

二、英汉句子结构差异

从整体看，英语句子结构紧凑、严密，各部分通过连词、介词、代词、非限定形式等有机地衔接成一个整体；汉语句子结构松散，少用虚词，主要以意驭形，各部分的逻辑关系由意义暗示。在翻译时，我们应注意形合法与意合法之间的转换。分析汉语句子中的内在逻辑关系，化隐含为明示，使用适当的连词而构成形合句。英汉语句型可以分类如下。

1. 从句子的语气来看，英、汉语句型基本相同，都可划分为陈述句、疑问句、祈使句和感叹句等四种基本句型。

2. 从句子形态来看，英语有形态变化，汉语无形态变化。英语形态丰富，英语有各种语法意义不同类的语素和功能词，如名词有人称、数、格的变化；动词有人称、时态、情态、语气和非谓语动词的变化；形容词和副词有级的变化；代词有人称和格的变化。这些变化再加上完备的句法，使英语受严格的规则制约。

3. 从句子结构来看，英汉语都有简单句和复杂句。英汉语都有简单句和复合句，但英语的句型要比汉语复杂很多。英语句子有一定框架，句子的主谓结构是全句的出发点，其他成分的配置都要根据主谓框架决定，修饰、限制、补充等附加成分借助各种关联词进行空间搭架构成一种树形结构。而汉语句子则没有一定的主谓框架限制，没有谓语动词和非谓语动词的区别，汉语句子在表达一些复杂意思时，一般按时间顺序或事理逻辑顺序，逐步交代、层层铺开，形成连贯铺陈之势的线型结构。所以在进行英汉翻译时，首先要根据句型结构特点，厘清其主干与旁支，顿悟其确切含义，其次根据汉语句型结构特点，把树型结构的英语原文转换成线型结构的汉语译文。

4. 从句子的语态来看，英汉语都包含主动句和被动句。汉语多主动句，英语多被动句。同为被动句，英汉两种语言使用被动句的场合不完全一致。英语语法十分严谨，一个句子必须有主语，但汉语则不然，不用主语是经常见到的，是否用被动句成为一种选择，而且汉语的被动句不一定要用“被”字。

（一）英语句子的立体结构

在英语句子中的立体结构特征主要体现在以下三个方面。

1. 英语句子有主干结构，且有时主干结构较短。下面下来观察英语的七种基本句型。

SV。主语 + 谓语结构。例如：

The doorbell rang.

门铃响了。

SVO。主语 + 谓语 + 宾语结构。例如：

They enjoyed the party.

她们在聚会上玩得很开心。

SVOO。主语 + 谓语 + 间接宾语 + 直接宾语。例如：

My mother told me a story.

我母亲给我讲了一个故事。

SVOC。主语 + 谓语 + 宾语 + 补语。例如：

Many people consider education very important.

许多人认为教育非常重要。

SVOA。主语 + 谓语 + 宾语 + 状语。例如：

Peter didn't take it seriously.

彼得没把这事放在心上。

SVP。主语 + 系动词 + 表语。例如：

That baby is adorable.

那个婴儿很可爱。

SVC。主语 + 谓语 + 主语补足语。例如：

The sun rose red.

红红的太阳升起来了。

由上述句型不难看出，英语中的句型都有主谓机制，即句子主干。任何复杂的句子，有了主干也就建立了句子的基本格局。

2. 英语句子结构的立体形特征还体现在从属结构都与主干结构紧密相连，并与之形成一种关系集结。例如：

The traveler from the coast,who after plodding northward for a score of miles over calcareous downs and corn-lands,suddenly reaches the verge of one of these escarpments,is surprised and delighted to behold,extended like a map beneath him,country differing absolutely from that which he has passed through.

一位从海岸来的旅客，往北很费劲地走了几十里地的石灰质丘陵和庄稼地以后，一下子到了这些峻岭之一的山脊上面，看见了一片原野，像地图一样平铺在下面，和刚才走过的截然不同，他不由得又惊又喜。

本例为一个多重复句，包含一个主句，六个从句。按照句子层次建立一个立体框架，其中主句的核心控制全句的结构，和从句环扣相嵌，句中有句，盘根错节，诸如建筑物的立体构造。英语立体多层次的主从结构使用较多，其主要原因是当有两个意义层时，人们将对重要和次要的信息价值加以区分，主句用于表达重要信息，从句、分词短语则来描述次要信息。

（二）汉语句子的平面结构

和英语句子比较而言，汉语句子呈现平面的结构和样态。主要体现在以下两方面的特征。

1. 多数汉语句子是平铺直叙的句式，没有主干结构。在句子扩展中会引起结构的不断变化。例如：

一朵梅花。

鬓边斜插一朵梅花。

红颜小姐鬓边斜插一朵梅花。

由此可见，汉语句子的句首具有开放性特点，句尾却具有收缩性。这和英语句首封闭性和句尾开放性的特点恰恰相反。

2. 汉语句子平面结构的另一重要特征就是存在大量零句。整句具有主谓结构，零句由词和词组构成，没有主谓结构。例如：

小李买了九本书，一共十二块钱，拿回家一看，全是半新半旧的。

Xiaoli bought nine books which cost him twelve yuan and when he took them back hornet he found that they were just half new.

本例中，只有“小李买了九本书”是整句结构，其余成分都是零句，这些零句没有主次之分，借助自然语序，按意相连。对比英语译文，不难发现，其以限定动词为核心确立主干，再用连接词将重要成分与之相连接，形成了主从层次，进而达到从流散到聚焦、从平面到立体的效果。

三、英汉句子语态差异

在英语句子中，被动语态较为常见。英语中多数及物动词和相当于及物动词的短语都存在被动式。英语被动语态常用以下几种情况：当不必说明行为的实行者时；当不愿意说出实行者时；当无从说出的实行者时；便于上下文连贯衔接时等。例如：

Language is shaped by,and shapes,human thought.

人的思想形成语言，而语言又影响了人的思想。

汉语中却很少使用被动语态，原因主要体现在以下两个方面。

1. 汉语中很少使用被动语态是由于其频繁使用“主题—述题”结构。

2. 受中国人思维习惯的影响，中国人注重“悟性”，强调“事在人为”和个人感受等，所以汉语中被动语态相对较少。

同时，汉语被动语态的表达方式与英语的被动语态也有较大差异，其多借助词汇手段表达被动语态。这种手段一般又可分为两类：有形式标记的被动式，如“让”“给”“被”“受”“遭”“加以”“为……所”等；无形式标记的被动式，其主谓关系上有被动含义。例如：

The Chinese delegates were warmly welcomed everywhere.

中国代表团到处都受到热烈欢迎。

His suggestion is rejected.

他的建议被否决了。

四、英语非人称句式分析

（一）无生命词语做主语

即抽象名词或无生命的事物做主语时，使用本来表示人的动作或行为的动词做谓语，常用“有生命动词”，表示人或社会团体的动作或行为的句式，往往具有拟人的修辞特色。英语的这种句式比汉语更为常见，使用更广。而汉语的“有生命动词”一般只能与人或社团名称搭配，当然，汉语有时也用拟人法来描述抽象的概念或无生命的事物，常见于形象的比喻或轻松的文体中。

（二）非人称代词 it 做主语

英语里，当动词不定式短语、分词短语、动名词短语或从句作主语时，常常把非人称代词 it（先行词）摆在主语位置上作形式主语（语法主语），而将真正的主语（逻辑主语）放在句子的后面，这样做，通常是为了使句子平衡。汉语表达则常常以具体的动作者（或隐含）为开端。

（三）there be+ 主语

这种句型表示“存在”的概念，具有明显的物称倾向，there be 和 there+不及物动词，其后面的名词即是这类句子的主语，一般带有地点状语或时间状语，汉语表达同样的意思往往直接用人、事情做主语。

第四节　英汉修辞对比

英汉修辞法在方法、传统、形式与内容、发展及学科性质等方面既有共性也有个性。英汉修辞学都十分重视文章开头的精心锤炼，强调要生动、得体、精要；汉、英语中有些修辞格是基本对应的，如明喻、拟人、通感、借代、重复、仿拟、夸张、拟声等；有些只是局部对应，如隐喻、委婉语、双关、移就、对顶、对偶、排比等。但是英汉语无论是在词法系统，还是句法结构等方面，都存在本质性差异。本节根据修辞在语言使用中，语义、结构、音韵等方面的关系，分为语义修辞、结构修辞、音韵修辞三大类别比较英语与汉语的差异。

一、语义修辞

英汉语义方面都有大量修辞方式。语义修辞主要包括比喻、委婉、夸张、双关、移就等几种，是指通过打破常规的形式、内容与逻辑思维的语言手段组合语言材料，生成超脱常规的语言意义或词汇意义。在翻译英语语义修辞语时，要注意符合汉语的表达习惯。现举比喻、夸张、委婉三种语义修辞格翻译分析如下。

（一）比喻

比喻是语言中应用最为广泛的修辞手段。据《现代汉语词典》解释：比喻指“用某些有类似点的事物来比拟想要说的某一事物，以便表达得更生动鲜明”。比喻有四要素：本体、喻体、比喻词、相似点。多数学者认为汉语的比喻主要分为明喻、暗喻、借喻和提喻四种，英语中与之对应的分别是 simile、metaphor、metonymy、synecdoche。这里主要讨论明喻和暗喻的差异。

1. 英语的明喻（simile）指两个或两个以上不同事物之间明显的比喻，通常由 like 或 as 引导。汉语的明喻与英语的 simile 非常相似，比喻的四要素必须俱全，英语比喻词主要是 like，as，as if/asthough，汉语的比喻词比英语多得多，不同的文体和语法结构常有不同的比喻词。如“像、仿、似、如同、好像、犹如、宛如”等一般采用直译，但有的英语明喻和汉语明喻的比喻形象不尽相同，有时也用意译法、变通法和注释法。

2. 英语的暗喻是指两个或两个以上不同类事物之间隐含的比喻，由把一个事物等同于另一事物的方式构成。汉语的暗喻和英语的 metaphor，使用频率很高，但比明喻更难理解和翻译。暗喻的特点是不用比喻词，且有时只出现本体，这就使得比喻与被比喻的事物不能一目了然。就暗喻的类型而言，英汉语有相似之点，也有不同之处。

英语的 metaphor 大致可分为三类：一是“X 是 Y”结构，二是“X1 of X2”，本体、喻体同时出现的并列结构，三是只出现本体结构。汉语的暗喻大致也有三种，一是判断结构“甲是乙”，二是本体与喻体同时出现，但没有判断词，三是偏正式的状语 + 中心语结构即“状中结构”。

暗喻翻译的方法包括直译、直译+注释、转换、意译等。英汉语中共有的“X 是 Y”，“甲是乙”暗喻结构比较适合用直译；带有文化内涵的习语型比喻可采用直译并增加注释说明的方式；不适合直译的暗喻，可考虑将其转换为明喻，转换的另一层含义是改变比喻形象即喻体；放弃比喻修辞，译其意义。

（二）夸张

英语的夸张指不能按照字面进行理解夸大其词的一种修辞格式。汉语夸张是指以夸大或缩小，甚至违反常规定律的方式，达到强调与突出的语言表达效果。其真正的含义是本质上符合事实，表述上言过其实。其目的是突出事情的本质，加强语言的感染力，激起人们的想象力，达到一种严肃又滑稽的效果。通常可以直接将原文的夸张结构译入目标语中。

（三）委婉

英语的委婉语指一种含蓄、礼貌的表达方式。英、汉语委婉语具有大体相同的语用功能和语义特征。但由于英汉民族之间的思维方式、审美标准、价值观念等不相同，英汉委婉语也有不同的表达。因此，在翻译中，要灵活根据具体语境选择保留原文表达，或用译文表达替换原文表达。

二、结构修辞

结构修辞是指通过改变语言表达中词语组合与排列的常见顺序，以产生明显的强调效果的修辞方式。结构修辞包括单词结构转换和句子结构转换两大类，主要有平行、对照、反复、省略、倒装等修辞手法。这里主要介绍“平行结构”与“对照”两种修辞手法。

（一）平行结构

英语中平行结构与汉语修辞中排比对应，是指结构相同或类似、语义相关、语气一致的词组或句子连续反复出现，以达到明显的强调作用。英语中的平行结构强调把意义不同等的内容以平行的结构进行表达，类似于汉语中的排比，由于英语词汇与结构的特点，平行结构不很严格，大都是大体平行。从语言层次上看，根据平行结构中同等重要的成分的不同划分，可以将平行结构划分为五种类型：单词平行结构、短语平行结构、从句平行结构、句子平行结构、段落平行结构。

平行结构主要依赖重复部分关键词语或结构，形成强烈的阅读效果。在英汉转换中，应该考虑英语多用替代形式而汉语多用重复的语言表达特点，根据具体语境中的语义信息，可进行如下灵活的调整。首先，保留原文平行结构的特点，并有效传达原文的节奏感与语气；其次，为了达到译文语言表达效果，保留原文平行结构并灵活处理原文平行结构。

（二）对照

英语中的对照，是一种具有次序和匀称等形式美特征的修辞格，指将两个相对立事物的两个对应的方面放在一起，加以比较，给人以深刻印象。从语义上看，只相当于汉语中对偶的“反对”。翻译对照句时，应该尽量保留原文词性相同、结构相同、节奏一致等的修辞特点。但是，具体语境中，英汉语言特征及文化特色的差异有时也使得对照的翻译非常具有挑战性，可以不必刻意追求完全的对仗工整，而是根据译入语的句法要求进行一定的调整，这样译出的对照句虽不完全对称，但仍能算上“音、形、意”俱美。

三、音韵修辞

音韵修辞是指充分使用语言的各种音韵特征，使得语言组合的声音效果高低有序、节奏分明、长短和谐，达到语言鲜明、生动、形象的修辞效果。语言内存的音乐性驱使人们说话、写作时会选择具有节奏感、韵律美的词语，从而增强语言的感染力以展示语言的音乐美，英、汉语中均有大量音韵修饰词。

（一）拟声

拟声又称“摹声”，指模仿人和动物以及客观世界的各种响动构成拟声词，以实现语言表达的直观性、生动性和形象性。英汉语中存在大量模仿人类、动植物、事物声响的拟声词。英语拟声词可用作名词、动词、副词和感叹词，在句子中可作主语、谓语、宾语、补语和状语。汉语拟声词多为形容词，有时也用作动词，在句中可充当独立成分、定语、谓语、状语、宾语等，其中以独立成分居多。英汉翻译中可以考虑尽可能地展现原文声音效果，也可根据具体语境情况，灵活处理原文拟声词，选择省译、不译或增添原文没有的拟声表达。

（二）双声与叠韵

双声与叠韵在汉语中是一种典型的音韵修辞手段。双声在《辞海》中的解释：“音韵学名词，两个字的声母相同。”叠韵指词组中两个字的韵母相同。在英语中，头韵指相邻或相近几个词的起头音相同。另外，英语的“准压的”“半韵”“半谐音”指两个字只有重读的元音相同，而其后的辅音不同。

综上，从韵律格式上讲，英语的 alliteration 与汉语的双声基本一致，英语的 assonance 与汉语的叠韵也非常相似，但还存在许多差异。汉语的双声和叠韵以字为构成单位，而英语的 alliteration 和 assonance 以词为构成单位，汉语中的字只相当于英语中的音节。汉语指两个词间产生的音响效果，而英语 alliteration 和 assonance 中不仅限于两个词间，它们往往还出现在三个甚至更多的词之间。另外，汉语的双声和叠韵必须是两个同声的词紧靠在一起，一旦隔开使用就会失去连绵的音响效果，而英语的 alliteration 和 assonance 几乎所有情况都是由其他音节分隔开的。在英汉翻译中，考虑到汉语双声、叠韵与英语 alliteration、assonance 在音律格式上的相似性，应尽量保持原文音韵修辞特色，以符合译文的相应的语音组合方式进行传达。

第五节　英汉语言结构对比

汉语和英语在结构层面上存在明显不同。汉语是从象形文字发展而来的表意语言，表意是汉字的基本特点。句子结构层面，意念是组词成句、联句成篇的主要依据，再加上中国文化是高语境文化，汉语对结构词的依赖很小，这就使得汉语句子短小，言简意赅。英语是拼音文字，词汇有曲折变化，再加上英语是低语境语言，“以形统神”便成了英语的基本特点。

一、形合与意合

英汉两种语言在结构上的主要差异是形合与意合的差异。形合与意合是语言连词成句的内在依据。所谓形合，指的是语言中词与词、句与句的结合主要凭借词形变化、关系词、连接词等显性手段。意合则不同，它是指语言中词与词、句与句的结合主要依靠语义上的关系和联想达成，这种结合在外部形态上没有明显的标志，交际双方根据语境和语感对语句作出正确的解码。就自然语言而言，既没有完全的形合语言，也没有百分之百的意合语言。事实上，任何一种语言都是形合意合兼而有之，只是该语言侧重形合还是侧重意合罢了。许多中外学者经过研究认为，英语是形合特征比较明显的语言，而汉语则具有明显的意合特点。

作为重形合的语言，英语遣词造句时注重形式连接，而且连接手段和连接形式十分丰富，包括介词、连词、关系代词、关系副词、连接代词、连接副词等。形合特点使得英语句子结构形如大树、主干分明、枝繁叶茂；形合也使得英语句子以形驭意、以形统神。

与英语不同，汉语具有明显的意合特征，连词成句注重意念连贯、不求结构完整，句子以神统形，聚散自如。在汉语里，跟显性的语法相比，隐性的语法比重更大，因此，汉语句子好似一窝竹子，地上根根分离，地下盘根错节，形散而神聚。

我国著名语言学家王力先生在《中国语法理论》一书中指出："就句子的结构而言，西洋语言是法制的，中国语言是人治的。"王力先生的论述形象点出了英语和汉语在结构上的差异。了解英汉两种语言的结构差异对于我们正确理解和精当翻译不无益处。

二、主谓结构与话题主语

人们通过研究发现，英语句子纵使千变万化，总是由如下五种句式演变而来：SVC（主—动—补）、SV（主—谓）、SVO（主—谓—宾）、SVOO（主—谓—间宾—直宾）、SVOC（主—谓—宾—补）。这五种句式尽管成分各异，但都有一个相同的部分，那就是它们都有 SV，即主语 + 谓语。因此，说英语是主谓结构明显的语言一点也不假，缺少主语或谓语的英语句子是不能接受的。这些都是针对简单句而言的，复杂句的情况只是稍微复杂了一些。复杂句是从句通过关系代词或关系副词与主句连接而成的，主句和每一个从句自身都是一个简单句，因此也都遵从上述原则。英语句子中动词有时、态、体的变化，而汉语的动词则没有，因此无论写作还是翻译，我们都会将汉语动词的使用模式照搬到英语中来，结果造成缺少主谓或多个主谓的英语句子。英语句子也同样是表达意念的，但与"意念"相比，句子的"形"却更重要，因此"形"也就成了判断英语句子是否正确的首要标准。英语句子在主谓上的这种严格要求是英语"以形统神"的具体体现，也是对"西洋语言是法制的"论述的最好脚注。英语从句发达，从句标记明显，形成"多支共干"的现象，句子在构成上呈现“焦点透视”。

与英语不同，汉语没有词形的曲折变化，句子的构成以意念为主轴、以话题为中心，形成“以神统形”的特征。与句子的“形”相比，汉语句子的“意念”更重要，也是汉语使用者必须首先考虑的问题。这就是为什么汉语句子可以没有主语，可以没有动词，或者主语和动词都没有，甚至一个句子中出现几个动词连用的情况。例如：

1. 快点，要不就晚了。

2. 我让他打电话告诉你去开会，没想到他全忘了。

汉语重“神”轻“形”的传统由来已久，从汉语语法研究就可见一斑。“汉语的发展，可以说是到了汉代就已经相当成熟了。”从汉代到 19 世纪末的两千多年里，我国学者、文人对汉语进行了深入研究，但这些研究基本局限在音韵、训诂等方面，对汉语语法却没有系统像样的研究。直到 1898 年，我国第一部汉语语法著作《马氏文通》才问世。《马氏文通》是清末学贯中西的大学者马建中“从经、史、子、集中精选例句，参考拉丁语法研究古代汉语的结构规律……用近代语言学观点编写的第一部汉语语法著作”。像汉语这样历史悠久的语言，在走向成熟两千年后才有系统完整的语法著作，除了其他因素以外，汉语自身轻“形”重“神”的传统才是真正的原因。因为《马氏文通》以西洋语言的语法规律作为范本研究汉语，难免忽视汉语语言的自身特点，有“削足适履”之嫌，因此，自 20 世纪三四十年代起《马氏文通》就遭到质疑、批评。

语言始终是发展变化着的，这种发展变化一般来说是缓慢的、不易觉察的。但在某个特定时期，由于主要受内部或外部因素的影响，语言的发展可能会加速，“五四运动”至今的近一百年里，汉语的发展变化就是例证。在这段时间里，汉语书面语除了从古文向白话文转化外，句子结构的欧化也比较明显，无论从句子长度还是语序上都有体现。尽管如此，汉语“以神统形”的基本特征仍然没有太大的变化。

汉语“以神统形”的基本特征主要体现在句子的“话题主语”上。英语和汉语虽然都有主语，但英语句子的主语是“语法主语”，即主语并非完全出于陈述的需要，而是语法规则的要求使然，这样也就不难理解英语中的“形式主语”和“形式宾语”现象了。汉语句子的主语却不尽相同。汉语的主语，或者更准确地讲是“主位”，主要是“话题主语”，句子的其他部分构成“述位”，对“主位”予以说明。根据李瑞华的统计，“话题 - 说明”句在现代汉语中占了近百分之五十的比例。汉语的“话题主语”使汉语句子的构成受意念管束，很少受语法的制约，因此形式多样、流变自如、短小精悍就成了汉语句子的特色。在句与句的结合上，汉语不用或是少用连接词，“以神统形”，使得行文跳脱自然。汉语的这些特点与中国画的“散点透视”不谋而合。

三、逻辑主轴与意念主轴

与形合意合特点相适应，英语和汉语在句子构成和连句成段上分别遵循“逻辑主轴”和“意念主轴”的基本原则。逻辑和意念是任何语言的句段都不可缺少的因素，但是不同语言在句段的构成上对逻辑和意念的侧重程度却不尽相同。英语的“形合”特征除了以“主语—谓语”的句子主干体现出来外，还体现在逻辑因素在句段构成上的重要作用。汉语句段也讲逻辑，但与句段所表达的意念相比，就没有那么重要了。因此，可以说，英语句、段始终围绕着“逻辑主轴”，而汉语的“主轴”却是“意念”。

例如：重庆的夏天比北京热。

The summer in Chongqing is hotter than that in Beijing.

原文是个地道的汉语句子，尽管从字面严格考究不合逻辑，但它所表达的意念既明白易懂，也不悖逻辑。如果改为“重庆的夏天比北京的夏天热”，字面倒是符合逻辑了，但却失掉了汉语简洁明快的特色，不为国人所采用。

四、逗号

逗号是英、汉两种语言中最常用的标点符号，虽然形状相同，但它们的用法在两种语言中却不尽相同。让我们先看看标点符号。就使用年代而言，英语的标点符号历史悠久，而汉语的标点符号却只有一百多年的历史。我们知道，古汉语是不用标点的，断句的工作必须由读者完成。因为没有标点，文字交流有时会闹出一些笑话或产生一些意想不到的艺术效果。

例如：古时候有人去访友，抒完旧情酒足饭饱之后，不但毫无去意还想再住一天，但又不好开口。这时恰逢天降小雨，客人便要来笔墨纸砚写下“下雨天留客”五个字，意思是：下雨，天留客。主人看了便在后面加了“天留人不留”几个字，意思是：下雨，天留客。天留，人不留。客人看后拿笔，将那十个汉字分成四句：下雨天 / 留客天 / 留人不 / 留。主人看完也只有摇头的份儿。

现代汉语中标点符号是正常交流必不可少的。虽然汉语的标点符号是“舶来品”，但英汉两套标点符号还是存在一些不同的。其中最值得一提的是逗号。汉语的逗号用于停顿，表示一句话还没有结束，它的前后两部分可以是构成句子的部分，也可以是两个并行的句子，具体属于哪种情况由上下文决定，因此，汉语逗号的使用虽有规则，但灵活性较大。

第六节　英汉语篇对比

由于英、汉思维模式的不同，英语文化中的人们注重逻辑推理，其思维呈直线型发展。汉语文化下的人们注重感性思维，其思维呈螺旋发展模式。因而其在语篇层面也存在很多差异，在此将结合以下几点进行探究分析。

一、英汉语篇逻辑结构差异对比

透过语篇的逻辑关系对英汉语篇逻辑结构进行分析，是以逻辑分析为出发点来讨论不同民族间的思维方式和语言结构的表现形式。基于大部分逻辑范畴的互通性，英汉两种语言的语篇的主要逻辑关系大体一致，甚至存在很多交叠和互通，这些交叠和互通主要缘于客观事物间联系的复杂性及其相应逻辑范畴的多样性。但是上升到具体层面也存在一些差异，如联结语的不同。

事实上，无论篇章如何展现以及用哪种语言展现，其逻辑语义层次的连贯才是语篇的实质。反之，没有完整语义整体的语篇也就无所谓语篇。从这个层面进行分析，英汉语篇在逻辑结构方面主要体现在时空逻辑关系、因果逻辑关系、推延逻辑关系以及转折逻辑关系几个方面。

（一）英汉时空逻辑关系对比

时空是世间事物发生和构成联系的依托。时空关系也是最自然、基本的逻辑关系。英汉语篇在表述语言，体现逻辑关系时存在着明显的不同，尤其在是否使用联结语以及使用显性逻辑联结还是借助于语用、语境来实现隐性的逻辑连接方面。例如：

It was largely because the last letter from Bajin was lost that his condition worsened until it could no longer be treated in late 1998.

1998 年下半年病情逐渐恶化，以致无药可救，与丢失巴金给他的最后一封信有很大关系。

在英语中，until 用于表示前后文时间先后的连接，但在汉语中没有。这在原文中也能很好地体现英语语篇所呈现的直线形的逻辑思维特征，英语中往往以 It was largely 为重心和主位，先体现中心意思，并借此展开推断和分析。在汉语中借用“以致”句式来表示前句原因的结果，同时隐含着时间的推进。在对应的汉语中体现了先分析后总结螺旋式的逻辑思维特征。又如：

Then one birthday,the door bell rang.I was feeling blue because I was alone.

又是一个生日，门铃响了。当时我正独自一人，百无聊赖。

本例中英语用 because 这一因果概念进行逻辑衔接，而在汉语中则用“当时”来表示时间的逻辑关系。

此外，英语中还用 when 表示时间隐含因果关系的连接词。例如：

On his return to Hungary he worked from 1948 for a Budapest newspaper Vilagossag.

回到匈牙利后，他从 1948 年开始为布达佩斯的一家报纸 Vilagossag 工作。

本例中英语用 when 来表示时间隐含因果关系的连接词，在汉语中则用“了”“后”“过”等表示时间先后的逻辑关系。和英语式的动词时体仍存在着明显区别，这也是英汉两种语言转换中语篇衔接的差异。

（二）英汉因果逻辑关系对比

从广义的层面来看，英汉两种语言的因果逻辑关系几乎一致，主要差别在于是否用逻辑联结语。在具体表述中，英语和汉语的时空关系和因果关系也有交叉。

（三）英汉推延逻辑关系对比

推延逻辑关系是层次结构组合序列和语篇意义的一种逻辑联系，具体涉及增添、总结、并举、详述等类型的语义关系的逻辑联接。例如：

As we children grew up and began to leave home,Mama would comment on how she would soon have the time to write.But something would always come up-Mama’s brother was in a serious car accident and she went to be with him;my sister needed help with her baby,grandpa got sick and came to live with us,an neighbour had no one but Mama to turn to.Mama never had an article published,for Mama never had a chance to write.

我们这些孩子渐渐长大，开始先后离家，妈妈常说她很快就有时间写作了。可到头来她总有事情缠身——妈妈的兄弟遭遇严重车祸，她得去陪伴他；我姐姐生孩子需要帮忙；爷爷病了，来与我们同住；邻居遇事，妈妈是唯一的求助对象。妈妈从未发表过一篇文章，因为她从来就没有机会写作。

本例中英文的句法构成很复杂，在第一个复杂句的分句中表示同主句的时间关系隐含因果关系，第二个分句有 but 起衔接作用表示转折关系。第四个分句本身是并举关系，但第四句本身同前面是详述关系，最后一个 for... 表示因果关系。事实上，英汉两种语言的逻辑思维和逻辑关系大体上是一致的，区别在于汉语多以单独成句，无须借助词汇语法的衔接手段，仅凭借词语与句子内含意义的逻辑联系便成语篇的连贯；英语借助词汇语法的显性衔接，从语言形式上把词语句子结合成语篇整体。

二、英汉语篇结构组织差异对比

从语篇中段落结构的组织来看，英美人的思维方式呈直线式，在英语段落结构上具体表现为：从一般到具体，从概括到举例，从整体到个体。

由于中国人的思维呈螺旋式，在段落结构上具体表现为：先分后总，先说原因后说结果。例如：

索引在我国出现得较晚。有人认为起源于南北朝的类书就具备了索引的性质。类书是将群书中可供参考的资料辑录出来，分类或依韵编排的一种工具书。它具有文献摘要的性质，并且所记录的范围漫无边际，而索引则只注明文献的出处，使读者“执其引以得其文”，并不司摘录原文之职。并且索引还有严格范围，如作《史记人名索引》就绝不可将《汉书》中的同名人物一并编入。

为古书作索引大体始于明清之际。明末的著名学者傅山曾编制了《傅山行草春秋人名韵册页》。乾隆时汪辉祖编制了《史姓韵编》是依韵编排的。嘉庆时的毛谟所编制的《说文检字》，采用了用部首笔画来进行编排的方法。

三、英汉篇章模式差异对比

篇章模式是以篇章的形式和内容为标准对篇章进行分类的一种方法。不同的语篇类型，其建构语篇的模式也不同。

（一）英语基本的篇章展开模式

常见的英语语篇展开模式有以下几种。

1. 概括—具体模式。这是英语语篇中常见的模式之一。概括—具体模式又称作“一般—特殊模式”“预览—细节模式”“综合—例证模式”。

2. 问题—解决模式。该模式的语篇描述顺序为：说明情况—出现问题—做出反应—解决问题—做出评价。

3. 主张—反主张模式。该模式的语篇描述顺序为：提出主张或观点—进行澄清—说明主张或观点 / 提出反对主张或真实情况。

（二）汉语基本的篇章展开模式

与英语语篇模式相比，汉语的模式更加多样，且与英语语篇模式有很多相似之处，如主张—反主张模式、匹配比较模式和叙事模式都是基本相同的。但是，英汉语篇模式的差异更加明显。主要表现在以下两个方面：

1. 汉语语篇的焦点和重心的位置不固定，具有流动性。

2. 汉语语篇中的焦点有时并不明确，甚至会出现根本就没有焦点的情况。

总而言之，词汇、句子、语篇都是翻译的基本单位，对英汉两种语言这几个层面的差异的透彻认识和把握，能为翻译技巧的运用奠定良好的基础。

第五章　英语翻译方法

翻译是沟通两种语言的桥梁。通过这一桥梁，将原文所表达的思想内容用译文语言形式进行传达，这就需要同时和两种语言打交道。通过英汉语言对比，明确两种语言表达同一意义的方法和异同，并在此基础上找出同一文中存在不同之处的最典型的方法，这就是翻译技巧。

翻译技巧是人们在翻译实践中总结出来的一些行之有效的具体手法。恰当使用翻译技巧可以使译文忠实、顺畅地再现原作内容，更加符合译文语言的表达习惯。人们已总结出不少翻译技巧，对于常用的翻译技巧也已经做了大量论述和讲解。本章从翻译理论的角度出发，根据英汉两种语言的特点，运用对比分析的方法，研究为什么要使用这些翻译技巧。英汉翻译中常用的技巧有遣词法（diction）、换译法（conversion）、增译法（amplification）、重译法（repetition）、省译法（omission）、反译法（negation）、分译法（division）、倒译法（inversion）等。

第一节　遣词法

遣词法就是在翻译过程中进行遣词用字、精选词语、准确表达，真实再现原文意义和风格。

英汉两种语言在词汇语义含量、词义对应关系、词汇搭配用法以及词义的感情色彩等方面都有很大差异，因而在表达同一思想内容时，常常使用不同的词汇。要想解决这一矛盾，保证译文质量，在正确理解原文意义的基础上，必须考虑译文语言表达该意思用什么词最为恰当，准确选出相应的对等词。理解和选词必须依托一定的上下文语言环境。

例 1：Caesar was mighty， bold， royal， and loving.

恺撒是威严勇猛、慷慨仁慈的豪杰（比较：恺撒是非凡、勇猛、威严、仁慈的）。

例 2：The facts are more prosaic than the legend.

事实并不如传说那样神乎其神。（比较：事实比传说要平凡些。）

以上两例是译者在传达原作者思想情感方面进行创造性的翻译。译者在深刻理解原语信息的实质及各种附加色彩的基础上，发挥译语的潜在表现力，准确充分地将其传达给译文读者。

例 3：The white moon heard it， and she forgot the dawn， and lingered moon in the sky.

明月听见它，居然忘记落下去，却只顾在天空徘徊。

例 4：It was strange， but everything seemed to have its double in this invisible wall of clear water. Yes， picture for picture was repeated， and couch for ouch.

真奇怪，每样东西在这堵看不见的清水墙上都有一个跟它完全一样的副本。是的，这儿有一幅图像，墙上也有同样的一幅图像，那儿是一张榻，墙上也是一张榻。

例 3 中，译者并不局限于原文“she forgot the dawn”的表层意义。这里，作者想要表达的并不是说月亮忘记了黎明的到来，而是说月亮本应在黎明到来时落下去，她却因为沉浸在夜莺泣血的鸣唱中忘记落下去了。译文可谓准确地抓住了原作的精髓。

例 4 中的“picture for picture was repeated， and couch for couch”这句话在译文中也被表现得淋漓尽致。译者透过原文的字句用自己的眼睛逼真地看到了原文所创造的艺术世界，所以才能如此生动形象地把它们再现出来。（引自郭著章等编著《翻译名家研究》，湖北教育出版社，1999）

遣词用字是否恰当是翻译中一个十分重要的问题，也是翻译的基本功，翻译中的遣词法的运用应遵循下列原则。

一、根据上下文准确判断词义

遣词的前提是准确把握词义，而词义的把握往往取决于上下文语言环境。请看英语“story”一词在下列诸句中的不同意义及译法。

例 1：This war is becoming the most important story of this generation.

这场战争行将成为这一代人的最重大事件。

例 2：It is quite another story now.

现在的情况完全不同了。

例 3：Some reporters who were not included in the session broke the story.

有些没有参加那次会议的记者把内情捅出去了。

例 4：The Rita Hayworth story is one of the saddest.

丽泰·海华丝的遭遇算惨的了。

例 5：A young man came to Scothe's office with a story.

一个年轻人来到斯科特的办公室报案。

二、分清词义的褒贬

人们在使用语言表达思想时，往往带有感情色彩，这种感情色彩表现在词语上大多都是有褒贬意义。在翻译中必须把握词的褒贬意义，并且准确无误地将其表达出来。

例 1：He is bright and ambitious.

他很聪明，有抱负。

例 2：He is so arrogant that no one will keep company with him.

他狂妄自大，谁也不愿意与他相交。

三、符合汉语的搭配习惯

遣词用字要符合汉语的构词规律和搭配习惯。

例 1：to read one's mind

看出某人的心思

四、讲究译文词语熔炼

言之无文，行之不远。在正确选择词义的基础上，要讲究炼词。既要准确恰当，又要精练优美。通过推敲，选用精美的词语，使译文更加传神。

例 1：We were eager to benefit from your curiosity.

我们殷切希望从你们的探索精神中获益。

第二节　换译法

换译法，就是在翻译过程中进行词类转换。从语法角度考察，英语一个词能充当句子的成分与汉语相比显得较少，且充当不同成分时常需要改变词类。此外，英汉两种语言的词类使用频率不同。英译汉时，应根据汉语的行文习惯，对词类做必要的转换，使译文通顺流畅。

一、名词换译成动词

英语中使用名词较多，汉语中使用动词较多，翻译时要常进行词类换译。

例：A study of that letter leaves us in no doubt as to the motives behind it.

研究一下那封信，就使我们毫不怀疑该信是别有用心的。

二、介词换译成动词

英语习惯大量使用介词，而汉语常用动词表达相应的意义，所以在翻译中常使用换译法把英语的介词换译成汉语的动词。

例：He has an eye for color.

他有辨别颜色的能力。

三、形容词换译成动词

英语的形容词有时也可换译成汉语的动词。

例：Meanwhile，half-starved and often ill Crane continued to writing.

在此期间，克兰处在半饥饿状态，常常生病，但仍然坚持写作。

四、副词换译成动词

英语中某些形式上与介词相同的副词，也往往可以换译成汉语的动词。

例 1：Let him in.

让他进来吧。

例 2：The moon will soon be out.

月亮快出来了。

五、其他情况

其他一些词类，翻译时也可能要进行换译，以便增加译文的可读性，这就需要灵活处理。

例 1：Let me see if it.

让我瞧瞧它是不是合适。（动词换译为形容词）

六、严格遵循规律，进行词类换译

我们使用换译法时，一方面要掌握译文在使用词性方面的规律，另一方面必须严格遵循这些规律来进行翻译中的词类转换。我们再看下面几例。

例 1：Every morning she would go to the lake area for a walk.

每天早上，她都要到湖区散步。（名词换译为动词）

例 2：My suggestion is that he should quit smoking at once.

我建议他立刻戒烟。（名词换译为动词）

例 3：At noon， she came home for lunch.

中午，她回家吃午饭。（介词换译为行为动词）

例 4：These rustic lassies are good singers.

这些乡下小姑娘唱得很好。（名词换译为动词）

例 5：I am no drinker， nor smoker.

我既不喝酒也不抽烟。（名词换译为动词）

值得一提的是，译文中的词类转换并不是随意进行的，而是遵循着语言中的客观规律，如果我们不遵循这一规律，译文就无法做到通顺或地道。译文例 2 把 My suggestion is that he should quit smoking at once 译成“我建议他立刻戒烟”，译文非常地道。如果完全按照原文词类把此句翻译成“我的建议是他必须立刻戒烟”也符合译文的语法，按一般要求也算可以了，但是比起前面的译文来就显得不够地道，在文采上要逊色得多。

七、译例欣赏

以下译例系巴金译自英国作家奥斯卡·王尔德的童话。王尔德童话集的一大语言特色是文体富有音乐性，节奏感很强。巴金为了使译文能保留这一特点，他常常将英文中的介词换译成动词，以此来加强行文的节奏感。他的这一手法常常是极为有效的。

例 1：There stood the Miller with a lantern in one hand and a big stick in another.

门前站着磨面师，一只手提一个灯笼，另一只手拿一根手杖。

原句只有一个动词“stood”，译者巧妙地把介词“with”换译为动词，使译文中出现了“站”“提”和“拿”三个动词。

例 2：When suddenly two little boys in white smocks came running down the bank， with a kettle and some faggots.

忽然有两个穿白色粗外衣的男孩提着水壶抱着柴块跑到岸边来。

原文中只有“came”和“run”两个动词，通过运用介词换译为动词的手法，译文中动词就增至“有”“穿”“提”“抱”“跑”和“来”六个，语句的节奏感大大增强。

上述译例都成功地通过介词到动词的转换，把原文本来仅有的一两个动词，在译文中增至三到八个，使之读起来有一种起伏的流动感，在语句的节奏感方面几乎可与原文相媲美。（引自郭著章等编著《翻译名家研究》，湖北教育出版社，1999）

第三节　增译法

通过英汉语言的对比，可以发现英语虽没有量词、助词，其意义却隐含其中。另外，英语一些不及物动词本身意义就很完整（宾语常隐含其中），汉译时应根据上下文的需要增译出来，否则意义就不完整。

例 1：I could knit when I was seven.

我 7 岁时就会织毛衣。

英语 knit 是不及物动词单独使用，汉语“织”为他动词，使用时后面应该有宾语，故译为“织毛衣”。

原文中一些隐含在字里行间的意义，一些因中英表达方式不同，按字面照译无法说清的意思，均需要通过增词的手段来表达。

例 2：This was his court ship and it lasted all through the summer.

这便是他求爱的表示，他就这样过了一整个夏天。

例 3：I hope the town has made preparations.

我希望城里已经给我预备了住处。

这里译者引申了原文的形象内容，把原文的抽象名词转化为汉语中更为常见的具体的形象，通过增译的手段，译出了原文的言外之意。

英语中有单、复数的概念，汉语名词没有复数的概念，这是两种语言的一个差异，汉译时有必要增译表复数的词语。

增译法的运用就是通过在译文中增加必要的单词、词组、分句或完整句，从而使得译文在语法、语言形式上符合译文习惯，并且在文化背景以及词语联想方面与原文一致起来，使得译文与原文在内容、形式和精神等三方面都能对等起来，从而忠实、通顺地表达原文内容，而不是增加原文没有的意思。英译汉时增译法一般用于下列情况：1. 增译原文所省略的词语；2. 增译必要的连接词语；3. 通过增译表达原文的复数概念；4. 用增译法把抽象概念表达清楚（见上面例 2 和例 3）；5. 逻辑性增译；6. 概括性增译；7. 从修辞连贯角度考虑增译等。

第四节　重译法

为了使语言简练，英语经常避免重复，而汉语则不怕重复。英语中经常使用一个动词接几个宾语（或几个表语），相同的动词可省略；或大量使用代词以避免重复名词。上述情况下，汉语可以采取重复的手法。英汉翻译时就经常采用重译法，处理英汉两种语言表达上的差异。

一、重译几个动词共有的宾语

例：We should learn how to analyze and solve problems.

我们应该学会分析问题和解决问题。

二、重译代词代替的名词

例：Some of the materials which were pushed up the crust from the Molten core of the Earth formed water. Others formed the gases of the atmosphere. The water evaporated to form clouds. These rose into the sky to form rain.

某些物质从熔化的地心被推到地壳，形成了水，另一些物质形成了大气层中的气体。水蒸发后形成了云。云升入高空形成雨。

三、重译动词

重译动词分以下两类情况。

（一）英语句子常用一个动词支配几个宾语，在翻译时往往要重译这个动词。

例 1：They were starting from scratch and needed men，gun， and training.

他们是白手起家的，他们需要人员，需要枪支，需要训练。

（二）英语句子中如果动词相同，则不重复动词，只重复介词（或只变换介词），但在译文中通常要重译动词。

例 2：The snow falls on every pond and field， and no crevice is forgotten；by the river and pond， on the hill and in the valley.

雪花撒落在树上，撒落在田野里，撒落在河边、湖畔，撒落在山峦和山谷中。大雪纷纷飞，连小小的岩缝中都飘进了雪花。

四、修辞性重译

有时为了使译文语言生动活泼、语势得到加强等，英汉翻译时可以采用重译法。汉语中词的重叠和四字对偶等均是借助重复这一修辞手段，这是汉语的一大优势，恰当地利用可使译文增色。

例 1：The news is quite true.

这消息是千真万确的。（比较：这消息十分正确。）

例 2：He is a fool.

他是个愚昧无知的人。（比较：他是个愚蠢的人。）

例 3：Our friendship will last generation after generation.

我们将世世代代友好下去。（比较：我们将世代友好下去。）

重译法基本上属于增译法，因为在大多数的情况下，重复就是增词，只是增加的词是上文刚刚出现的某个关键词的重复。使用重译法的目的主要有三个：一是使意义明确，二是使译文生动活泼，三是加强语势。

例 4：Ignorance is the mother of fear and of admiration.

无知是恐惧的根源，也是钦佩的根源。

例 5：Avoid us in this computer in extreme cold， heat， dust or humidity.

不要在过冷、过热、灰尘过重、湿度过大的情况下使用此电脑。

例 6：I had experienced oxygen and /or engine trouble.

我曾经遇到的情况，不是氧气设备出故障，就是引擎出故障，或两者都出故障。

第五节　省译法

英汉两种语言在表达方式上有所不同，翻译时为了符合汉语习惯，在不损害原意的情况下常常可以省译一些可有可无或不符合汉语句法的词语，目的是使译文更加通顺，意思更为清楚，更忠实于原文。

一、冠词、代词、介词、连词的省译

英语中有冠词，汉语没有这一词类，英语的代词、介词用得也远比汉语多。上述词类汉译时往往可以省略不译，省译后意思并不含混，反而更为简练明白。

例 1：They praised the boy for his bravery.

他们称赞这小孩勇敢。（省译介词。）

例 2：If winter comes， can spring be far？

冬天来了，春天还会远吗？（省译连词。）

二、系动词的省译

英汉语在谓语成分上一个明显差异是：英语的句子不能缺少动词，即使是交代或说明人物或事物的性质或情况，也要用一个系动词，汉语的谓语不一定非有动词不可，其谓语也可以是形容词、数量结构、方位结构或名词等。因此，在翻译中，英语的系动词一般可以省译。

例 1：He was smooth，and agree able to meet.

他待人处世，八面玲珑。

例 2：The room was warm and comfortably American.

屋内暖融融，美国式的布置十分舒适。

三、修辞性省译

删去一些繁复的词语，避免由于啰唆而引起的意义不清楚，以求译文简练，层次分明。

例 1：There was no snow， the leaves were gone from the trees， the grass was dead.

天未下雪，但叶落草枯。

省译后，译文简单明了，若不省译，意义反而不大清楚。

例 2：Then the snow came and after the snow came the frost.

随后雪来了，严寒也到了。

例 3：And he took the cloak and the amber chain feom the close where they lay， and showed them to her.

他从柜子里拿出斗篷和琥珀项链来，给她看。

译者根据汉语的语言习惯，省译了斜体部分的词语，以免译文给人以啰唆累赘的感觉。通过把原文形式上表现出来的一部分融入内容中去，译文显得更为简洁、清楚，却丝毫没有损害原文的意义和艺术内容。

例 4：He is not well today， but he still comes to class.

他今天身体不好，但（他）还是来上课了。

例 5：The sun is bright， and the sky is clear.

阳光灿烂，（和）晴空万里。

翻译过程中，许多在原文中必不可少的词语，若是原原本本地译成汉语，就会成为不必要的冗词，译文会显得十分累赘。省译法在英汉翻译中使用非常广泛，其主要目的是删去一些可有可无、不符合译文习惯表达法的词语。英译汉常见的省译情况有：1. 代词的省译；2. 冠词的省译；3. 介词的省译；4. 连词的省译；5. 动词的省译；6. 非人称代词“it”的省译等。

因语法的需要，如果不省去这些词语，译文就会显得拖泥带水，甚至会出现画蛇添足的结果。从一定意义上来讲，增译法中的规律反过来就是省译法的规律。

第六节　反译法

英汉两个民族由于文化背景的不同，思维方式的差异以及认识事物的方法有别，经常会出现两民族的人从不同的侧面看待同一事物。这样，就使得英汉两种语言表达习惯上有不一致的情况，但均可以从正面或反面表达同一概念。英汉翻译时如果用正面表达有困难，译文欠通顺，则需要改用反面表达，或将反面表达改成正面表达。柯平在其《英汉与汉英翻译教程》中称之为“视点转换”。他认为采用这种手段的理由是原语和译语文化之间可能存在的认知和思维习惯上的差异。

使用反译法，通常是在译文中，将原文有些肯定或正面表达的一些说法译为否定或反面的说法，或将原文中一些否定或从反面表达的一些说法改为肯定或正面的说法。这种变换绝对不是改变原文意义，而是在保存原作意思的前提下，使译文更加符合译语的表达习惯，符合行文的需要或修辞的需要。

第七节　分译法

分译法源于英汉语法结构的差异。一般来说，英语长句、复杂句较多，而汉语句子一般比较短，且句式结构不如英语那么复杂。为了符合汉语表达习惯，翻译时，经常把一些词语、子句或句子拆开来分译。

例 1：Energy can neither be created nor destroyed， a universally accepted law.

能量既不能被创造也不能被消灭，这是一条普遍公认的规律。

此例为名词短语分译成一个句子。

有时甚至把整个句子拆开来进行分译，请看下面译例。

例 2：It was a real challenge that those who had learned from us now excelled us.

过去向我们学习的人，现在反而超过了我们。这对我们确实是一个鞭策。

例 3：Do you share the view that too many people are talking too much about China？

现在谈中国问题的人太多了，说中国问题的话也说得太多了，你同意这种看法吗?

一、句子分译

句子分译是分译法的主要内容。下面简要叙述句子分译时常见的情况。

（1）一个长句包含作者的多步逻辑推理，英汉翻译时，可用分译法。

（2）当修饰主语的成分，特别是非限制性定语从句太长时，要使用分译法。

（3）宾语修饰成分太长时需要分译。

（4）当状语太长而硬译成一句则读起来不通顺，或不容易理解时，应该分译。

（5）一个长句的从句实际上起着过渡或承上启下的作用，也就是说这个从句可以帮助长句的前一部分向后一部分过渡，这时要分译出来。

（6）含定语从句的句子，除少数情况外，这类句子都是长句。在英汉互译时，特别是在英译汉中，如能将定语从句译成前置定语，则尽量避免其他译法；如译成前置定语不合适，则按其他方法翻译，一般是分译成另外一个独立的句子或另一种从句，如状语从句等。

二、单词分译

分译法作为一种翻译技巧，它除了指句子分译外，还指单词分译。单词分译包括某些词语意义的分译、单词搭配的分译、灵活对等分译、修辞性词语分译等。

（1）单词语义分译：英语中有些单词的语义呈综合型，即一个词内集合了几个语义成分。译成汉语时，不易找到合适的对等词，很难将其词义一下全部表达出来。这种情况，汉译时可采用分析型，即“扩展”型的方法分译原语，将其语义成分分布到几个不同的词语上。

例 1：That little pink-faced chit Amelia with not half any sense，has ten thousand pounds and an establishment secure.

爱米丽亚那粉红脸蛋儿的小不点儿，还没有我一半懂事，倒有一万镑财产，住宅家具奴仆一应俱全。

此例中的主语很长，由中心词“chit Amelia ”加其前的一个形容词短语和其后的一个介词短语构成，在汉语中，很难找到这样一个较长的主语与之对应。因此，汉译时，只好将其拆分为了两个分句，语义也随之分为了“小不点儿”和“懂事”这两个重心。

（2）单词搭配分译：英语中有些词语间的搭配关系颇有特点，汉译时要打破原文的结构，按照汉语习惯，将有关词语分别译出。

例 2：She had such a kindly，smiling，tender，gentle，generous heart of her own.

她为人厚道，性格温柔可亲，器量又大，还很乐观。

此例中“heart”一词被分译成“为人”“性格”“器量”三个词，再与它前面的五个形容词搭配。

（3）灵活对等分译：英语中有些单词，如按其在句中的位置机械地译成汉语，往往容易造成意义不够明确。遇到这类情况，应采用灵活对等分译，不拘泥于形式对应，尽量使译文读者对译文的反应等值于原文读者对原文的反应。

例 3：Thus it was that our little romantic friend formed visions of the future for herself...

我们的小朋友一脑袋幻想，憧憬着美丽的将来……如果逐字译成“我们的浪漫的小朋友憧憬着未来……”，并不能算错，但意思却不甚明了，因为“浪漫”一词在汉语中的含义较多。此处为“想入非非”，所以译成“一脑袋幻想”较为明确，既突出了人物性格，又避免了翻译腔。

（4）修辞性词语分译：有时将单词分译只是为了获取某种修辞效果。

例 4：And in their further disputes she always returned to this point，“Get me a situation—we hate each other，and I am ready to go."

从此以后她们每拌一次嘴，她就回到老题目，说道："给我找个事情，反正咱们你恨我我嫌你，我愿意走。"

一个 hate 分译成"恨"与"嫌"两个字，使得译笔生动，读者似乎如见其人，如闻其声。

第八节 倒译法

倒译法就是翻译时进行词序调整，是指译文与原文相比，词序发生了变化。根据前面英汉思维方式的比较，我们知道中国人思维上整体优先，从整体到部分的思维方法反映到语言上，就是在时间和空间概念上从大到小的排列顺序。而英美人们则恰恰相反，英美人思考问题的程序是从小到大。这里就包含着两种文化和思维方式的差异，这是两民族在各自文化氛围中形成的具有各自特色的考虑问题和认识事物的习惯方式和方法。

英美人写信时地址顺序是：收信人—住宅门牌号—街道名—城镇名—省名—国名，而中国人的顺序与之恰恰相反。时空顺序的表达也是如此。

此外，英汉两种语言的句子中，词序或语序往往不尽相同，分句顺序有时也有差异，英汉翻译时，应根据汉语的表达习惯做一些必要的词序调整。

例 1：The mail came at 2：30am on September12， 2000.

邮件于 2000 年 9 月 12 日凌晨 2 点 30 分送到这儿来。

例 2：His address is 3612 Market Street，Philadelphia， PA19104， U.S.A.

他的地址是美国宾夕法尼亚州费城市场街 3612 号。邮政编码 19104.

例 3：Don't hesitate to come when you need help.

你什么时候需要帮助，只管来找我。

例 4：Never have we seen so bright a future before us！

我们从来都没有见过这样光明的前途。

英语和汉语在语法结构上有着许多差别。在翻译过程中，对原文的词序照抄照搬，丝毫不考虑译文的习惯，这样的机械性翻译，定会显得滑稽可笑，译文根本无通顺可言。翻译时根据译文的语言习惯，运用倒译法对原文的词序进行调整，使译文做到最大限度上的通顺。

以上译例均采用了倒译法，词序都做了颠倒性的调整，这样的译文更符合汉语表达习惯。再看几个例子：

Rain or shine 无论晴雨

Inconsistency of deeds with words 言行不一

Quick of eye and deft of hand 手疾眼快

Back and forth，to and from 前前后后，来来去去

Every means possible 一切可能的手段

Tough-minded 意志坚定的

Heart-warming 暖人心的

East China 华东

North and south， east and west 东西南北

第六章　英语翻译技巧

第一节　词义的选择与引申

词汇翻译是翻译实践中的重要一环，具有一定语言知识的人也往往认为词汇在翻译中不是什么问题，好像困难是在汉语表达上，其实这是不正确的想法。因为词汇在翻译中起着不可或缺的作用，只有掌握好词汇，运用好词汇，才能为翻译打好基础。在翻译中，特别要学习好词义的理解和选择、词汇的语法结构、词汇与语境、词汇与上下文、词汇的搭配、词义的逻辑关系、词汇的歧义、典型词汇的理解等。

一、词义的判断和选择

翻译至少涉及两种语言。有人认为翻译主要是表达问题，至于语言词汇和结构都不是问题，这种想法是不正确的。其实做翻译就需要有个扎实的语言基本功，主要体现在词汇、语法结构、表达能力等方面，掌握好词汇是其中重要的一个方面。翻译中的错误，大多表现在词汇方面，因为英语词汇讲究一词多义，越是普通常用的词语，其在词典中的义项就越多。有些词语在翻译中很难把握其确切的含义，这种词语的词义选择与判断可以看成与以下几个方面有关。

1. 英语专有名词具有先天性歧义（尤其是地名专有名词容易产生先天性歧义），例如，A succulent desert cactus—native to tropical and subtropical America.（The Macmillan Encyclopedia，ME）

【译文】一种多汁沙漠仙人掌——原产美洲热带、亚热带地区。

【评析】“America”在此句中不可译为“美国”，此处涉及普通历史、地理常识问题。实际上，“America”和“American”严格地说，应为“美洲”和“美洲的”，现在很多人都说成“美国”和“美国的”。因此，只有根据上下文进行区分，才能正确地选择词义，否则就会容易产生歧义。

2. 英语普通词语先天性歧义（一词多义很普遍，主要原因包括：原始意义与引申意义、普通意义与特殊意义、抽象意义与具体意义、字面意义与比喻意义）。例如：“comb”普通意义为“梳子、蜂房”，引申意义为“涌起、卷起”；“culture”普通意义为“文化、精神文明、教养”，引申意义为“耕作、栽培”；“case”普通意义为“实例、事例”，引申意义为“病例、案例”；“beauty”从抽象意义“美貌”引申到具体意义“美人”；“cool”从字面意义“冰凉的”引申为比喻意义“不热情的”等。

3. 英语普通词语结合后产生歧义（词的语义结构有两种情况：一种是词义明确，自由组合，另一种是约定俗成，具有习惯性。这一类词语多表示转义，带有隐喻性）。英语中常由“adj.+n（or phrases）”合成的结构，例如，“light in hand”（易于驾驭）、“like attracts”（物以类聚）、“narrow escape”（九生一死）、“fond dream”（黄粱美梦）、“happy medium”（中庸之道）等。

4. 英语普通词语与专业术语的词义混淆（普通词语与专业术语易造成混淆，因为后者大都是前者引申而来的）。例如，普通词语“output”（产量、产品）引申为专业术语“输出功率、输出信号、排泄物”；普通词语“civil”（民用的）引申为专业术语“civil”（土木）；普通词语“pupil”（小学生）引申为专业术语“pupil”（瞳孔）等。

针对词汇的词义多样性的特点，译者就要在词汇研究方面下功夫，掌握它们在不同的语言环境中的多义用法。在翻译中千万不可望文生义，否则在译文中就会出问题。所以，准确理解原文意思，从而判断和选择正确的词语。

在很多情况下，同一个英文单词出现在不同的上下文的语境中，往往表示不同的含义，例如：

1）Many companies went bankrupt due to the pandemic.

【译文】很多公司因为疫情的缘故破产了。

【评析】本句中的“company”要与后面的“go bankrupt”联系起来分析，确定“company”与“went bankrupt”之间的关系，然后再确定“bankrupt”的意思是“无力还债，垮了的，枯竭的，破产的”。根据其上下文语境，确定“go 与 bankrupt”搭配（go 相当于系动词 be，表示一种状态；bankrupt 为形容词，作表语）表示“破产”的意思。

2）A man may usually be known by the books he reads as well as by the company he keeps; for there is a companionship of books as well as of men.

【译文】我们可以通过一个人所交的朋友，也可以通过他所读的书来了解其为人，因为我们不但能与人为友，还能与书为友。

【评析】本句中的“company”根据全句的语境和“a companionship of books as well as of men”表达的意思，可以判断“company”表示“友伴”之意。

3）The boss's wrong decision of investment left the company short of money.

【译文】老板投资决策失误，导致公司资金短缺。

【评析】本句中的“short”与“of”搭配构成短语“short of”，并且与后面的宾语“money”连用，可确定短语“short of”表示的是“缺少”的意思。

4）The notice was made at such a short time that none of us had enough time to get prepared.

【译文】通知十分仓促，我们所有人都来不及准备。

【评析】本句中的“short”（表示“短的、短暂的、低矮的、短缺的”等）与“time”连用，“short time”表示时间“短暂”的意思。

5）The husband has a short temper and that casts a shadow over the marriage.

【译文】丈夫的脾气十分暴躁，这给他们的婚姻关系蒙上了一层阴影。

【评析】本句中的“short”与“temper”搭配，“short”在此句中表示“易躁的，唐突的”，与“temper”连用表示“易怒的”或“坏脾气的”“易暴躁的”意思。

鉴于此，在判断词义时，我们必须紧扣上下文语境，具体表现在以下几个方面。

1. 依据语法结构判断词义

一个英语单词可以分属不同的词类，可以用于不同的语法结构中，因此呈现不同的语义。在这种情况下，其结构形式可以帮助我们判断词义。例如：

1）Only eight weeks earlier the suggestion that I might participate in the inauguration as one of the new President's closest advisers would have seemed preposterous.

【译文】就在八周前，如果有人暗示我可能会以新任总统最亲信顾问的身份出席就职典礼，我还会觉得荒谬可笑。

【评析】“suggestion”（暗示）后面紧跟的是同位语从句，其义等于后面的从句所表达的意思。谓语“might +participate in”为虚拟语气，表示“有可能、不确定、期望、可能会出席、参加”等意思，与“suggestion”所表达的“暗示”意思相吻合。

2）“They are never alone，” said Sir Philip Sidney，“that are accompanied by noble thoughts.”

【译文】菲利普·席德尼爵士说：“有崇高思想做伴的人永不寂寞。”

【评析】原句中的“accompanied by”是一个常用的短语，表示“由某某陪伴、做伴”。根据语法结构，可以确定原文中“are accompanied by”的意思是“做伴”，与原文的意思相吻合。

3）Johnson stood like a caged eagle，proud，dignified，never to be trifled with，his eyes fixed on distant heights that now he would never reach.

【译文】约翰逊站在那里，如笼中之鹰，骄傲、威严、不容轻视，他的目光凝视远方——那是他再也不能达到的目标。

【评析】原文中“never to be trifled with”原意是“绝不可能闹着玩的”，根据语法结构，在此译为“不容轻视”。

4）He was dressed in a morning coat，his pant legs as always a trifle short.

【译文】他身着晨礼服，裤腿和以往一样有点儿短。

【评析】句中的“trifle”的意思是“小事、琐事、少许、一点儿”。在此句中“trifle”和“short”搭配使用，可以确定“trifle”的意思为“有点儿”。

5）Take the car back to the back yard and back it into the shed at the back of the stable.

【译文】把马（牛）拉车拉回到后院，再把它倒到牛棚后面的小屋里去。

【评析】此句中有四个“back”，从语法角度选择该词的词义：第一个“back”为副词，意思是“回”；第二个“back”为形容词，意思是“后面的”；第三个“back”为动词，意思是“倒回到”；第四个“back”为名词，意思是“后面”。所以译文将这四个“back”的意思都准确地翻译出来了。

6）I can’t stomach this job any longer.

【译文】这项工作我再也受不了了。

【评析】此句中的“stomach”（n.）基本词义为“胃、肚子、腹部、食欲、胃口”；“stomach”（vt.）基本词义为“津津有味地吃、消化（常与否定词或疑问词连用），忍耐、忍受、对……发怒”。根据词性来判断“stomach”在此句中用作谓语动词，译为“忍受”。

2. 依据逻辑内容判断词义

逻辑连贯是行文的必然条件，也就是说上下文中的用词表达必然是前后通顺合理的。因此，上下文的行文逻辑是帮助我们判断词义的有力工具。例如：

1）“How loyal is the man?” he asked a government staff about a potential hand.

【译文】在起用某人前，他向一位政府工作人员探询：“此人是否忠诚？”

【评析】原文中的“hand”，不是表示“手”的意思，“hand”与前面的词“potential”（可能的）不能搭配成意。因此，“hand”理解为“personal或leader”，“a potential”理解为“可能性的”，根据行文逻辑推理，“a hand potential”可以判断为“有可能起用的人”，因此译为：“此人是否忠诚？”

2）Much is produced here for home market.

【译文】这里为国内市场生产了许多产品。

【评析】根据原文的逻辑内容分析，“home”，并非表示“家”的意思，同时“home”用来修饰后面的名词“market”，可以判断“home”的意思是“国内的”。因此，“home”与“market”搭配，表达“国内市场”也是符合逻辑的。

3）Men often discover their affinity to each other by the love they have each for a book—just as two persons sometimes discover a friend by the admiration which both have for a third.

【译文】人们往往因为彼此同时欣赏某个人而结为好友，同样，人们也常因为共同喜爱同一本书而引为知己。

【评析】“affinity”是一个多义词，既可以表示“共同点”，也可以表示“亲密关系”，而根据下文逻辑内容“discover a friend”来判断，“affinity”理解成“亲密关系”，所以译为“结为好友”更加合理。

4）Suddenly the line went limp.“I’m going back.” said Smith.“We must have a break somewhere.Wait for me.I will be back in five minutes.”

【译文】引爆线突然耷拉下来。史密斯说：“我回去看看。一定是某个地方断了线。等一下，我五分钟就回来。”

【评析】通常情况下，“have a break”的意思是“休息一下”，但是根据上文逻辑内容表达的是“suddenly the line went limp（引爆线突然耷拉下来）”，所以译文合理。而“have a break”只能表示“断了线”，不可译为“休息一下”。

5）After going first to Germany four years of study，then on to America，I became an optics engineer and an expert in the field.

【译文】我先去德国学习了四年，又到美国深造，终于成为一个光学工程师，这一领域的专家。

【评析】原文内容叙述的是：先到德国学习四年，后到美国深造，最后成为一名专家。按照这个逻辑判断，“on”已由介词转换成动词，表示“继续”之意。

6）The first trip of the Nanjing bus at six in the morning was always crowded.But on this weekday，there were few passengers and she had a whole seat to herself on the right side of the bus.

【译文】早晨六点钟南京的头班公共汽车总是拥挤不堪。但在这个工作日，人倒不太多，她竟在汽车右边占了一个座位（或一整排座位）。

【评析】根据此句的逻辑推理，“a whole seat”表示“一个座位或一整排座位”，若指的是“全部座位”，应将不定冠词“a”改为定冠词“the”，即“the whole seats”。因此，译成“一个座位”是符合目的语的客观情况的。

3. 依据搭配判断词义

一个孤立的词的词义往往是不确定的，但当处于特定的搭配关系时，由于受到周围词的制约，词义就会变得明朗化，而往往不同的搭配所呈现的意义会不一样。因此，翻译时，可以根据词的搭配组合来判断词义。例如，“build、nice、heavy、fine”等词和另一个词搭配时，表意都不相同：

build a car 制造汽车　nice weather 好天气

build a ship 造船　a nice trip 一次畅游

build a fire 生火　a nice girl 好姑娘

build a house 盖房子　a nice guy 好人

build a dam 筑坝　a nice question 微妙的问题

build a bridge 架桥　a nice distinction 细微的区别

build a stamp collection 集邮　the nice handling 慎重处理

build one's confidence 树立信心　a nice observer 细心的观察者

build scholars 培养学者　a nice guard 挑剔的门卫

heavy wine 烈性酒　a fine wine 美酒

heavy crops 丰收　a fine work of art 精美的艺术品

heavy heart 郁闷的心情　a fine student 优秀的学生

heavy news 令人悲痛的消息　a fine performance 精彩的表演

heavy traffic 拥挤的交通　a fine drizzle 蒙蒙细雨

heavy rain 大雨滂沱　a fine lady 温文尔雅的女士

heavy money 大笔钱　a fine workmanship 精巧的制作

heavy casualties 重大伤亡　fine ore 细矿粉

heavy weather 阴沉的坏天气　the fine tradition 优良传统

英语中，有很多多义词由于句子的上下文的语境不同以及词语与词语之间搭配不同，它们所表达的意思也不同。分析下列句子中的词语搭配用法：

1）The singer is quite popular among young people.

【译文】这位歌手很受年轻人的喜爱。

【评析】原文中“popular”和“singer”搭配时，“popular”的意思是“受喜爱的，受欢迎的”，“singer”的意思是“歌手”，所以这两个词搭配在一起，表示“受欢迎的歌手”。

2）The meals in the restaurant are served at a popular price.

【译文】那家餐馆的饭菜价格实惠。

【评析】原文中“popular”和“price”搭配时，“popular”的意思是“低廉的，实惠的”，“price”表示“价格、价钱、赏金”，所以这两个词搭配在一起，表示“菜价实惠的”。

3）He writes for a journal of popular science.

【译文】他给一家科普杂志写稿。

【评析】原文中“popular”和“science”搭配时，“popular”的意思是“大众的、普及的”，“science”的意思是“科学”，这两个词搭配，表示“普通的”。

4）Do you like classics or popular music?

【译文】你喜欢古典音乐还是通俗音乐？

【评析】原文中“popular”和“music”搭配时，“popular”的意思是“通俗的”，“music”的意思是“音乐、乐曲”，这两个词搭配，表示“通俗音乐”。

5）The organizations are increasingly recognizing the necessity and advantages of developing new products and services.

【译文】很多机构正越来越意识到开发新产品和新服务项目的必要性和优越性。

【评析】本句中“develop”与“products”以及“services”搭配时，“develop”的意思是“开发”，“product”的意思是“产品、产量、产物、出产”，“services”的意思是“服务、服务项目”，所以这三个词搭配在一起，表示开发“新产品”

和“新服务项目”。

6）Many experts from different countries get together to develop an energy policy.

【译文】来自不同国家的许多专家聚集在一起，来制定一项能源政策。

【评析】原文中“develop”与“policy”搭配时，“develop”的意思引申为“制定”，所以这两个词搭配使用，表示“制定一项能源政策”。

7）What man should really be proud of is his brain，which has enabled him to develop machines that go at fantastic speeds.

【译文】人类真正应该引以为豪的是大脑，因为大脑使人能够发明出运转速度极快的机器。

【评析】本句中“develop”与“machines”搭配时，“develop”的意思引申为“发明”，“machines”表示“机器”，这两个词搭配使用，表示“发明……机器”。

8）The space agency says a problem has developed with an experiment aboard the space shuttle.

【译文】航天局说在航天飞机上做的一项实验出了问题。

【评析】本句中“develop”和“problem”搭配时，“develop”的意思引申为“发生、产生、出现”，“problem”的意思是“问题”，这两个词搭配使用，表示“出现……问题”。

9）As the embryo develops，the foreign gene may be present in many cells of the body.

【译文】随着胚胎的发育，异体基因有可能存在于身体的许多细胞中。

【评析】原文中“develop”和“embryo”搭配，“develop”的意思是“生长、发育”，“embryo”的意思是“胚胎、胎儿、萌芽时期”，这两个词搭配，表示“胚胎发育”。

10）The country was recovering its true self，drawing lessons both from its own mistakes and from its enemies.

【译文】这个国家那时正在恢复自己本来的面貌，既从自己的错误中吸取教训，又从敌人那里得到借鉴。

【评析】原文中“draw”的意思是“拉长、拔、抽、吸出、吸取、提取、引起、吸引”，“lesson”的意思是“功课、课业、课程、教训、训诫”等。“drawing lessons”可以判断词义为“吸取教训”。

4. 根据语境选择词义

在翻译实践中，译者从词典中可以找到有些词语的对等意思，但词典中查到的往往是基本词义，或是最常用的词义。所以有些隐含的词义只能通过语境去理解。研究下列例句中的选义。

1）All people enjoy the luxury of doing good.

【译文】人们要以行善为乐。

【评析】原文中的“luxury”如果译为基本词义“奢华、奢侈”，就无法将原文中的意思准确表达出来，译者必须转变为汉语的思维方式来理解其意，找出汉语本身原有的表意。根据语境将“luxury”译为“乐”，符合汉语表达习惯。

2）He did not hesitate in choosing the path of wilderness whenever his convictions，in the context of situation he faced，seemed to demand the choice.

【译文】凡是他经过审时度势，自信看来需要选择冷僻的道路的话，就毫不犹豫地选择这条道路。

【评析】原文中“context”本义是“前后关系、上下文、来龙去脉”，在本句中，“in the context”表示“根据上下文，从前后关系看”。如果以此意翻译，就无法准确地译出原文的意思，因此要根据此句的语境，将“in the context”译为“审时度势”，才符合原文的意思。

3）That was not a very happy remark.

【译文】那么说话很不得体。

【评析】“happy”是一个极为常用的词汇，有时候它也会有极不常用的用法，译者必须加以思考。根据语境，“happy”在本句中表示“合适的、恰当的”的意思，在此句中选择引申词义，译为“得体的”。

4）Show all of us the complaint book，please.

【译文】请把意见簿拿给大家看看。

【评析】此句中的“complaint”本义是“抱怨、叫屈、控告”，“book”本义是“书籍、书本、（书的）卷、篇、账簿、名册、登记簿”，根据语境，如果把“complaint”译为“抱怨或控告”显然不合句意，只有译为“意见”，“book”译为“登记簿”才符合原文的意思。

5）Milton’s Paradise Lost consists of twelve books.

【译文】弥尔顿的长诗《失乐园》共有 12 卷。

【评析】原文中的“books”本义同上句，根据语境，此句中的意思是“卷”。

译文赏析

1.He is a champion as well as a transmitter of Chinese culture.

【译文】他是中国文化的拥护者和传播者。

【评析】原句中的“champion”本义表示“冠军”的意思，但逻辑不通，与句意不符；“champion”还有“拥护者”的意思，此意与下文的“transmitter”相呼应，表意正确，语义顺畅。

2.The road wound its way through the hills.

【译文】路在山间蜿蜒前行。

【评析】原句中的“wound”是一个动词，是“wind”这个动词的过去式，其意为“使通风”“使喘口气”“嗅出”“蜿蜒而行”等，在此句中译为“蜿蜒前行”，符合句意。

3.We recycle soda bottles and restore old buildings and protect our nearest natural resource—our physical health—in the almost superstitious hope that such small gestures will help save an earth that we are blighting.

【译文】我们回收汽水瓶，翻修旧楼房，保护与我们最密切相关的自然资源——我们的身体健康，心里抱着一种近乎迷信的念头，希望这些微小的举动能够拯救一个正受到我们摧残的地球。

【评析】原文中“gesture”的常用意思是“手势”，与上文提到的“recycle soda bottles”（回收汽水瓶），“restore old buildings”（翻修旧楼房），“protect our physical health”（保护我们的健康）等有着密切的关系。因此，“gesture”

应理解为“举动、行为、微小的动作”之意，选择“微小的举动”符合原文的意思。

4.The news broke that the first driverless car had been successfully developed.

【译文】据报道，首辆无人驾驶汽车已经研制成功。

【评析】原文中的“break”是一个多义词，此句中的“break”与“news”相搭配，“break”的意思是“透露、报道”。为了使译文符合原文的意思，只有选择“报道”之意。

5.The music was fine，but the book was very poor.

【译文】音乐是美妙的，但歌词很糟糕。

【评析】根据语境，“book”译为“书籍、登记簿、账簿、名册、卷、篇”都不符合原文的意思，只有译为“歌词”更为恰当。

二、词义的引申

词义的引申指在立足词语基本含义的基础上重新措辞表达的过程。在翻译过程中，有时会遇到某些词在英语词典上找不到适当词义表达的情况，如果生搬硬套或逐字死译，往往会使译文生硬牵强，无法确切传达原意。此时，需要依据上下文做一定的引申，以使译文意思准确清晰，表达自然流畅。例如，Nowadays a student heading for college may pack a frying pan along with his books.(译文: 如今大学生在学校里也可以自己做点儿吃的了。)原文中的“pack a frying pan”由“一个烙煎饼的平底锅”引申为译文“自己做点儿吃的了”，引申后的译文表达流畅，符合汉语读者的语言表达习惯。所以在英译汉过程中，词义的引申很有必要。词语引申翻译通常涉及以下几方面：

1. 词语表达具体化

汉语的具象思维和英语的抽象思维是英汉思维显著差别之一，表现在语言上，前者多用具体化词语做描写阐述，后者多用抽象概念的词汇。因此，在英译汉时，对于某些抽象名词、形容词等往往可以代之以具体的汉语词语表达。例如，“a dramatic reenactment”（“戏剧性的再现”引申为具体化的“非同寻常的事件”）；Quaker-Oats look（“像麦片商标中的老头那样的表情”，引申为具体化的“毫无表情，一本正经的面孔”）。表示具体化的词语在英译汉的句子中也很常见。例如：

1）By comparison with the narrow，ironclad days of fathers，there was an expansiveness，I thought，in the days of mothers.

【译文】跟父亲们狭隘拘束的生活比起来，我觉得母亲们的日子过得悠闲自在得多。

【评析】原文中的“expansiveness”是一个抽象名词，其词典释义为“广阔性”，显然不能直接照搬于译句中，这里将其引申为语义明确的具体词语“悠闲自在”，与上文的“狭隘拘束”形成对照，十分贴切。

2）The writer scolded the materialism of the age.

【译文】那位作家谴责了当时贪图物质的风气。

【评析】句子中“materialism”的意思是“唯物主义”，意义抽象，这里将其引申为具体的词义“贪图物质的风气”，这样既忠实原文，又使译文易于理解。

3）There has been too much violence against foreigners in that country these years.

【译文】近年来，那个国家频频发生针对外国人的暴力事件。

【评析】原文中的“violence”是一个抽象名词，本义为“猛烈、激烈、强烈、暴力、暴力行为”等，译文中将其引申为具体的“暴力事件”，既表意具体，更加自然，又符合原文之意。

4）Beggars cannot be choosers.

【译文】乞讨者没有权利挑三拣四。

【评析】原文中“choosers”的意思是“选择者”，如果把此句直译成“乞讨者不可能是选择者”，语义模糊。译者将“choosers”引申为“挑选的权利”，表意具体，清晰流畅。

5）His son has been a disappointment to us.

【译文】他的儿子成了令我们失望的人。

【评析】原文中的“disappointment”表示抽象概念，意思是“失望”；

译者将其译为“令人失望的人”，这样就使抽象表达译成具体表达。

6）His new car made him the envy of every boy in the neighborhood.

【译文】他拥有一辆轿车，为此他成了邻里男孩子们的羡慕者。

【评析】原文中的“envy”表示一种抽象概念，意为“嫉妒、羡慕”；译者将其译为“羡慕者”，表示具体概念。

2. 词语表达抽象化

英译汉时，有时会遇到一些包含具体意象的习语式的英语表达，如果直译过来会使译文生硬不自然，可以将之抽象化表达。例如：

1）Each of us has his carrot and stick.（In my case，the stick is my slackening physical condition，which keeps me from beating opponents at tennis whom I overwhelmed two years ago.My carrot is to win.）

【译文】我们人人都有自己的压力和动力。（就我而言，这压力就是我日趋衰弱的身体状况，两年前还是我手下败将的网球对手，现在却打不过了。我的动力就是我想赢球。）

【评析】“carrot and stick”的字面意思是“胡萝卜和大棒”，表示一种具体概念，指强硬和怀柔的两手措施，但此处直译显得生硬晦涩，因此，译者将其译为抽象化的“压力和动力”，贴切自然。

2）They thought of their fathers，who were bankers，physicians，architects，stockbrokers，and the big wheels of the big cities.

【译文】她们想到的是她们的父亲，那些银行家、医生、建筑师、股票经纪人和那些大城市里的大亨。

【评析】原文中“the big wheels”的字面意思是“大轮子”，指有影响力的人，如果直译过来，令人不知所云，译文中将其意思引申为“大亨”，译文通顺达意。

3）How do we account for this split between the critics and the readers，the head and the heart？

【译文】评论家和读者之间，也就是理智和感情之间的这种分歧如何解释呢？

【评析】原文中的“the head and the heart”表示一种具体的概念，意思是“头脑和心脏”，译者将其译为“理智和感情”，表示一种抽象化概念。

4）There is a mixture of the tiger and the ape in the character of the colonialists.

【译文】殖民主义者的性格既残暴又狡猾。

【评析】原文中的“the tiger and the ape”表示一种具体化概念，意思是“虎和类人猿”；译者将其译为“残暴和狡猾”，表示一种抽象化概念。

3. 基于语体和感情色彩的引申

文章中的用词总是体现了一定的语体风格和感情色彩，或正式，或口语，或严肃，或诙谐，或褒奖，或贬恶，翻译时需要考虑这些因素；在选择汉语词语表达时，力求找到最能匹配原文语体风格和感情褒贬的用词。例如：

1）A good book is often the best urn of a life enshrining the best that life could think out...

【译文】好书犹如人生之瓮，盛载了人生思想之精华……

【评析】原文中“urn”的本义是“缸”，但“人生之缸”的措辞显得比较俗白，译文表述为“人生之瓮”，更加贴合散文的文体风格。

2）Hence we ever remain under the influence of the great men of old.

【译文】正因为此，我们一直处于古代圣贤们的熏陶之下。

【评析】原文中的“influence”是“影响”之意，但上下文的意思是，这种影响是积极正面的，所以在汉语中引申为褒义词“熏陶”，更好地体现了原文的情感意义。

3）I think something like my bafflement has been felt by other boys （and by girls as well）who grew up in dirt-poor farm country，in mining country，in black ghettos，in Hispanic barrios，in the shadows of factories，in Third World nations—any place where the fate of men is as grim and bleak as the fate of women.Toilers and warriors.

【译文】我想那些在贫困的乡村、矿区、厂区、黑人贫民区、西班牙人聚居区，还有第三世界国家长大的男孩（也包括女孩）一定会有相同的困惑，因为这些地方的男人，他们的命运跟女人一般凄惨。不是做苦力就是当炮灰。

【评析】“warrior”通常会译成“勇士、战士”，但用于此句不合适，因为这里的“warrior”是跟悲惨的命运联系在一起的，译文中译成了“当炮灰”，与原文的情感色彩相一致，是一个很得体的译文。

译文赏析

1.Maria was quite alone among them all in dungeon of a house; and Julia's tongue was enough to kill her.

【译文】玛丽亚住在她们中间异常孤独，就像监牢一般，朱莉娅那刻薄的话语常常使她痛苦不堪。

【评析】“tongue”的本义是“舌头”，译文对其做了具体化引申，译成了“刻薄的话语”，更易于读者理解原句的意思。

2.We hear what they said and did; we see them as if they were really alive.

【译文】我们耳闻目睹他们的所言所行，好似他们仍活生生在眼前。

【评析】原句中的“hear”和“see”就是“听见”和“看见”之意，但考虑到原文是一篇散文，因此在措辞表达上，选用了较为书面化的“耳闻”“目睹”等表达，实现了语体风格上与原文的契合。

3.（Leaders demand much of others，but also give much of themselves.）They are ambitious—not only for themselves，but also for those who work with them.

【译文】（领导者对他人要求严格，但自己也付出很多）。他们充满雄心壮志——不仅是为自己，也是为与自己一起工作的人。

【评析】根据上下文判断，原句中的“ambitious”蕴含的是褒赞的情感色彩，因此译文没有将它译为贬义的“野心勃勃”，而是译成了褒义的“雄心壮志”。

4.There is a mixture of the tiger and the ape in his character.

【译文】他的性格残暴而狡诈。

【评析】如果把短语“the tiger and the ape in his character”直译成“虎猿之性”，也不是不可以，但意思不够明确；译文将其含义引申为“残暴而狡诈”，表示贬义，前者是老虎的性格特征，后者是猿猴的性格特征，表达清晰，易于理解。

5.The two politicians talked for no more than five minutes，at a significant moment in their careers.

【译文】两位政治家交谈了仅仅五分钟。这次谈话是在他们一生事业的重大时刻进行的。

【评析】原文中“careers”的意思是“生涯、经历、历程、职业、专业”等，在此句中译为“一生的事业”，表示“褒义”，因为两位政治家所谈的内容一般都是“政治前途、国家大事、个人事业”等。所以将“careers”译为“一生的事业”符合原文的意思。

第二节　词类的转换与翻译

词类（parts of speech）的转换与翻译可以简称为词性转译，即在翻译过程中改变译词的词性，例如，英语名词、动词、形容词、介词、副词、连词、冠词等转译。英语词语转译，可以使译文更加符合汉语的表达习惯，自然通顺。下面列举几种词类转换的情况：

英译汉中，词类转换的前提是忠实再现原文的内容，转换的依据是汉语自身的规律和结构，转换的基本方法则灵活多样，并根据句子表达意思的需要而转换词类。

1. 英语名词、介词、形容词转译为汉语动词

英汉两种语言存在诸多差异，其一就是“静态”和“动态”的区别。英语被认为是一种“静态”语言，而汉语是一种“动态”的语言，表现在多习惯使用动词。因此在英译汉时常常可以化“静”为“动”，把英语中具有动作意味的名词、介词、形容词等转译为汉语的动词。分析下列句子翻译实践：

（1）英语名词转译为汉语动词

英译汉中，英语动词的派生名词和具有动词含义的名词往往可以转译成汉语的动词。例如：

1）Men often discover their affinity to each other by the love they have each for a book—just as two persons sometimes discover a friend by the admiration which both have for a third.

【译文 1】人们常常会因为喜爱同一本书而彼此吸引，正如两个人会因为仰慕同一人而结为好友。

【译文 2】人们常常会因为对同一本书的喜爱而彼此吸引，正如两个人会出于对同一个人的仰慕而结为好友。

【评析】原文中的“love”和“admiration”是两个名词，其中“love”具有很强的动词含义，“admiration”是动词“admire”的派生名词，译文 1 将“admiration”转译成了“喜爱”和“仰慕”两个动词，相比之下，译文 2 虽然没有进行转换也自然顺畅。所以在翻译中，要视句子的具体意思而定。

2）The turning point of my life was my decision to give up a promising business career and study music.

【译文 1】我人生的转折点，是我决定放弃有望发迹的经商之路，而转学音乐。

【译文 2】我人生的转折点，是我做出的放弃大有前途的经商之路而转学音乐的决定。

【评析】“decision”是动词“decide”的派生名词，译文 1 将“decision”转译成了动词，相比之下，译成名词的译文 2 简洁流畅，符合汉语的表达习惯。句子翻译是否转换，视具体情况而定。

3）The very mention of music as a profession carried with it a picture of a precarious existence with uncertain financial rewards.

【译文 1】只要一提起以音乐为职业，大家都会联想起那收入不稳定、生活无保障的境况。

【译文 2】每次以音乐为职业的提及都会让大家联想起收入不稳定、生活无保障的境况。

【评析】原文中的“mention”是一个动词意味很强的名词，译文 1 将“mention”译成了动词“提起”，比译成名词的译文 2 要通顺自然得多。

4）My admiration for him grew more.

【译文 1】我对他越来越羡慕。

【译文 2】我对他有了更多的羡慕。

【评析】在译文 1 中，译者将原文的名词“admiration”转译为汉语的动词，并巧妙地和后面的动词“grew more”结合在一起，转译得自然流畅。译文 2 没有将“admiration”转译为动词，读起来不自然流畅，所以译文 1 优于译文 2。

5）Aggression took many forms，the unilateral denunciation of treaties and international commitments，interference in the internal affairs of other states，the use of threats against weaker neighbors，the imposition of unequal relationships，outright armed attack the territories of other states and their dismemberment，the subjugation of colonial peoples and the denial of the right of self-determination and fundamental human rights.

【译文】侵略有多种形式：单方面废除条约与国际义务，干涉别国内政，对较弱邻国实施威胁，强迫实行不平等关系，赤裸裸武装进攻别国领土和瓜分别国，征服殖民地民族，否认自决权和基本人权。

【评析】原文中把名词“denunciation”转译为动词（废除），名词“interference”转译为动词（干涉），名词“use”转译为动词（实施），名词“imposition”转译为动词（强迫实行），名词“dismemberment”转译为动词（瓜分），名词“subjugation”转译为动词（征服），名词“denial”转译为动词（否认）。通过这些名词转译为动词，使译文变得更加简洁、流畅，并符合汉语表达习惯。

（2）英语介词转译为汉语动词

介词是英语的常用词类之一，多表示时间、地点、方式等，但有些介词和介词短语具有很强的动作意味，相当于动词。例如：for（购买），beyond（穿过、跨过、超过），after……（过了之后），off（摆脱、离开），on（论述、吃），in（住居），by（靠、借助、依赖），with（拿、带、使用），to（到、去），across（穿过、跨过），over（越过、从……边缘上往下），against（反对），past（越过）等。英译汉时，这些具有动词含义的介词和介词短语往往可以转译为汉语动词。例如：

1）The faith supported her through those hard years after the war.

【译文】这份信念支撑她度过了战后的艰难岁月。

【评析】原文中的“through”是一个介词，但其意思相当于动词“go through”，译文将其转译成了动词“度过”，十分贴切自然。

2）Time Warner will pay TCL 360 million dollars for Southern Satellite company.

【译文】时代华纳愿意出资 3.6 亿美元从 TCL 手中收购南方卫星公司。

【评析】原句中的介词“for”，其意思相当于动词“to buy”，译者将其转译成汉语动词“收购”，自然达意，表意清晰。

3）We were all against the proposal of prolonging the working hours.

【译文】我们全部反对延长工时的提议。

【评析】原文中的“against”虽然是一个介词，但其表达的意思相当于动词“oppose”，译者将其转译成汉语动词“反对”，符合汉语表达习惯。

4）Party officials worked long hours on meager food，in cold caves，by dim-lamps.

【译文】党的干部都吃简单的饮食，住寒冷的窑洞，靠着微弱的灯光，长时间工作。

【评析】原文中的三个介词“on”“in”“by”分别转译为汉语里的动词“吃”“住”“靠”，译文简洁，表意清晰流畅。

5）He can see beyond the simple happenings to their farther implication.

【译文】他能够透过简单的事件看到其中最深远的含义。

【评析】原文中的介词“beyond”表示“位置”：在……那边，远于；表示“范畴，限度，超出”等；译者将其转译成动词“透过”，符合句意。

（3）英语形容词转译为汉语动词

英语中有很多表示知觉、情感、欲望、意愿、态度、感受、信念等心理状态的形容词，例如：angry（生气）、anxious（急躁焦虑）、answerable（可回答）、helpful（帮助）、devoted（忠实）、confident（相信），expectant

（可期待）、aware（意识到）、acquainted（知道了解）、troublesome（令人烦恼）、tired（疲倦）、strange（奇怪）、sympathetic（同情）、steady（稳定）、stiff（不移动）、sweeping（哭泣）、supportable（支持）、thankful（感谢）、grateful（感激）、thoughtful（思考）、useful（利用）、valedictory（告别）、wonderful（惊奇）、unfit（不适用）、weary（困倦）、successful（成功）、watchful（注意戒备）、surprising（令人吃惊）、afraid（当心、害怕）、proud（骄傲、自豪）等。当这些形容词和系动词一起描述主语的某种状态时，译者可以将此类形容词转译成汉语动词。例如：

1）My parents，although sympathetic，and sharing my love of music，disapproved of it as a profession.

【译文】我的父母尽管都理解我，也像我一样喜欢音乐，却反对我以音乐为职业。

【评析】原句中的“sympathetic”是一个形容词，原意是“同情的、和谐的、合意的、有好感的”等，译文将其转译成了动词“理解”，达意通顺。

2）I am so grateful to my father for what he has done for me.

【译文】我非常感谢我的父亲为我所做的一切。

【评析】原句中的形容词“grateful”和系动词“be”构成复合谓语，表示动作状态。在译文中转译为动词“感谢”。

3）We are confident we can fight the pandemic.

【译文】我们坚信可以战胜疫情。

【评析】原句中的形容词“confident”和系动词“be”构成系表结构，做复合谓语。在译文中转译为动词“坚信”。

4）Please let us know if our terms are acceptable.

【译文】请告知是否接受我方条款。

【评析】原文中作表语的形容词“acceptable”转译为动词“接受”。完整通顺地表达了原文的意思。

5）He was fully aware what the consequences would be.

【译文】他十分清楚地知道后果该是怎么样的。

【评析】原文中的“aware”是形容词，与系动词“be”构成合成谓语，“aware”转译为动词“知道”。

2. 英语动词转译为汉语名词

英语中一些动词大都是从名词派生而来的动词，它们大都难以直接译成汉语动词，因而需要将其转译成名词后再翻译出来。同时常常需要调整相关词语的词类和语序，或适当地增加词予以补充，使译文更加完整、清晰。这些人成了牺牲品（译文：These people had been victimized），句子中的动词“victimize”是从名词“victim”派生出来的，译为汉语名词是很自然的事，但是适当地增加动词可使译文表意更佳。英语被动语态中的谓语动词往往也可转换成汉语名词，然后添加受动词（受到，加以等），译成“受动词+noun”结构。下面是英语动词转译为汉语名词的译法：

1）A well-dressed man，who looked and talked like an American，got into the car.

【译文】一位穿着考究的男士上了车，他的外表和谈吐都像个美国人。

【评析】原句中的两个动词“look”和“talk”在原文中都作动词谓语，意思是“外表看上去”和“谈吐”；译文中，直译成汉语名词“外表”和“谈吐 / 说起话来”，都是表示“形象、样子、神情”等状态，不表示动作，既符合题意，又显得自然流畅。

2）Industrialization in this phase is characterized by the massive transfer of surplus labor from the countryside to the urban areas.

【译文】这一阶段工业化的特点是农村的剩余劳动力大量向城市转移。

【评析】原文中的“characterize”是由名词“character”派生出来的动词，在原文中为动词“具有……特点，显示……特点”，而在译文中转译成名词“……的特点”，由动词转译为汉语名词，在句中作主语，符合汉语表达习惯。

3）The design aims at automatic operation，easy regulation，simple maintenance and high productivity.

【译文】设计的目的在于自动操作，调节方便，维护简易，生产率高。

【评析】原句中的“aim”是由名词形式用作动词，词性上做了转换，但词形上并没有改变，在译文中将“aim”转译为名词“……目的”，符合汉语表达习惯。

4）The famous writer characterized his heroine in a few short paragraphs.

【译文】那位著名的作家在短短的几段文字中，就刻画了女主角的性格。

【评析】原文中的“characterized”是动词，在译文中形式上没有做任何改变，但在词性上做了改变，由动词变成了名词“性格”，符合汉语的表达习惯。

3. 英语形容词转译为汉语副词

在英语中，很多的形容词转译为副词时，修饰这个名词的形容词，相应地转译为副词。英语的形容词转译为汉语副词，在翻译中很常见。下面句子是英语形容词转译为汉语副词的译法：

1）His lecture gave a clear exposition of the possible effect of climate change.

【译文】他在讲座中清晰地阐述了气候变化可能带来的后果。

【评析】原句中的名词“exposition”在译文中转译为动词“阐述”，形容词“clear”也相应地转译为副词“清晰地”。

2）It is reported that there has been a steady increase in China’s economy this year.

【译文】据报道，今年中国的经济稳步增长。

【评析】原句中的名词“increase”转译成汉语动词“增长”，形容词“steady”转译成副词“稳步地”，修饰动词“increase”。

3）They made full use of local resources and successfully developed new products.

【译文】他们充分利用当地资源，成功开发出了新产品。

【评析】原句中的“full”是一个形容词，用于修饰名词“use”，译文中将其转译为副词“充分地”，用于修饰动词“利用”。

4）Special care should be taken when handling flammable materials.

【译文】拿那些易燃材料时，一定要格外小心。

【评析】原文中的“care”由名词转译为动词“小心”，修饰“care”的形容词“special”相应地转译为副词“格外、特别”，这样使译文表意清楚。

5）There is big increase in demand for all kinds of consumer goods in every part of our country.

【译文】目前，我国各地对各种消费品的需求量已经大大地增加。

【评析】原文中的“big”是形容词，修饰名词“increase”。译文中，其形式没有改变，而在词性上进行了改变，由形容词转译成副词“大大地”，译文符合原文的表意。

4. 英语副词、名词转译为汉语形容词

英语中有不少副词是从形容词或名词派生出来的，翻译时，可酌情将副词转译成形容词。英汉两种语言都有大量的名词，而且许多英语名词都是从动词派生出来的。例如，名词“consideration”派生出动词“consider”，名词“teacher”派生出动词“teach”；英语中的一些由形容词派生的名词往往可以转译成形容词，例如，名词“stranger”转译成形容词，名词“society”派生出形容词“social”，“warmth”可转译成形容词“warm”等。

（1）英语副词转译为汉语形容词或名词

由于不少英语副词是从形容词或名词派生出来的，因此在译成汉语时，可酌情将其转译成形容词。原来修饰英语动词的副词相应转译为汉语形容词。

1）Securities laws require companies to treat all shareholders reasonably and equally.

【译文】证券法要求公司给予所有持股人合理平等的待遇。

【评析】原句中的动词“treat”转译为汉语名词“待遇”，修饰“treat”的两个副词“reasonably”和“equally”也相应地转译为形容词“合理平等的”。

2）Advertising affects tremendously every sphere of modern life.

【译文】广告对现代生活的方方面面产生了极大的影响。

【评析】原句动词“affect”转译为名词“影响”，其修饰副词“tremendously”相应转译为形容词“极大的”，符合汉语表达习惯。

3）They are poorly educated and thus have little if any knowledge of the infectious disease.

【译文】他们教育程度较低，对这种传染病几乎一无所知。

【评析】原句动词“educated”在译文中转译为名词“教育程度”，其修饰“educated”的副词“poorly”相应转译为形容词“较低的”，用来修饰“educated”（教育程度），也符合汉语表达习惯。

4）It demonstrated that gases are perfectly elastic.

【译文】已经证实，气体具有理想的弹性。

【评析】原文中的形容词“elastic”转译为名词“弹性”，修饰“elastic”的副词“perfectly”也随之转译为形容词“理想的”，用来修饰“elastic”（弹性）。

5）Advertising affects tremendously every sphere of modern life .

【译文】广告对现代生活的方方面面都产生了极大的影响。

【评析】原文中的副词“tremendously”在译文中转译为形容词“极大的”，用来修饰由动词转译为名词的“affects”，符合汉语习惯用法。

6）The paper said editorially that China has successfully survived a worldwide financial crisis.

【译文】该报的社论说，中国成功经受住了一场波及全球的金融危机。

【评析】原文中的副词“editorially”在译文中形式上没有改变，但在词性上转译为名词“社论”，为目的语读者所接受。

7）The old man is physically weak but mentally sound.

【译文】这位老者身体虽弱，但心智健康。

【评析】原文中的“physically”和“mentally”在原文中都是副词修饰形容词“weak”和“sound”；而在译文中将它们转译为名词“身体”和“心智”，在句子中用作主语。译文准确，流畅。

（2）英语名词转译为汉语形容词

有些英语名词，尤其是由形容词派生而来的名词，英译汉时往往可以把这些名词转译为汉语形容词。

1）Computers offer a much greater degree of flexibility in the way work is organized.

【译文】利用计算机，工作安排可以灵活得多。

【评析】原句中的“flexibility”是由形容词“flexible”派生而来的名词，翻译时，将其转译为汉语形容词“灵活的”，在词形上没有任何变化，但在词性上发生了改变。译文准确清晰。

2）Obtaining good health insurance is a real necessity for overseas students.

【译文】留学时，有一个好的医疗保险是非常必要的。

【评析】原文中的名词“necessity”是由形容词“necessary”派生而来的，翻译时，将其词性转译为汉语形容词“必要的”，译文符合原文的表意。

3）There is a peculiar charm of vividness in his paintings.

【译文】他的画作生动形象，有种别样魅力。

【评析】“vividness”是由形容词“vivid”派生而来的名词，为了译文表达的需要，译者将其名词的词性转译为形容词“生动的”，这样使得译文准确流畅。

4）As he is a perfect stranger in the city，I hope you will give him the necessary help.

【译文】因为他对这座城市的情况完全陌生，我希望你能给他必要的帮助。

【评析】原文中的“stranger”是由形容词“strange”派生出来的名词，翻译时，译者将其名词的词性转译为汉语形容词“陌生的”，但在词形上没有任何改变。

综上所述，鉴于英汉两种语言的表达习惯差异。翻译时，也没有必要完全照搬原文的意思和表达形式。把一种词类转译成另一种词类时，可以灵活地进行词性转换，以使译文更加符合汉语的表达习惯。

译文赏析

1.Education is a progressive discovery of one’s own ignorance.

【译文】教育是不断发现自身无知的过程。

【评析】原句中的“discovery”是动词“discover”的名词形式，汉译时转译为动词“发现”，与此同时，原本修饰“discovery”的形容词“progressive”

也转译为副词“不断地”，译文也很地道。

2.Local residents held protest marches in opposition to the proposed law.

【译文】当地居民为抗议新提出的法规举行了示威游行。

【评析】原句中的介词短语“in opposition to”相当于动词“oppose”，译文中将其转译为动词“抗议”。

3.She is a good listener and I love to talk with her.

【译文】她善于倾听，我喜欢跟她说话。

【评析】“listener”是一个名词短语，译文将其转译为汉语动词“倾听”；原本修饰“listener”的形容词“good”相应转译为汉语动词“善于”；相比之下，直译“好的倾听者”更符合汉语的表达习惯。

4.The substance is soluble in water.

【译文】该物质可溶于水。

【评析】原句中的“soluble”是一个形容词，译文中将其转译为汉语动词“可溶于”，在词形上没有发生任何改变，但在词性上发生了改变。译文表达简洁，流畅。

5.Interpreters act as a bridge between people who cannot communicate with each other due to language barriers.

【译文】译员的作用就是在因语言障碍无法沟通的人员之间架起桥梁。

【评析】原句中的“act”是一个动词，如果译为动词“充当……的作用”，固无不可，但因其后接成分较长，读来比较拗口，将其转译为汉语名词“作用”，译文表意准确。

6.The severity of global warming keeps increasing and requires immediate actions to counter it.

【评析】全球变暖变得日益严重，需要立即采取措施加以应对。

【评析】“severity”是由形容词“severe”派生而来的名词。译文中将其名词词性转译为汉语形容词“严重的”，词形上没有发生任何改变。译文准确流畅。

第三节 专有名词的翻译

专有名词是特定的人或物的名称，涉及范围十分广泛，包括人名、地名、机构组织名、国家名、景点名、商标名等。英语专有名词的翻译方法主要包括以下几种。

一、音译法

顾名思义，音译法是一种基于发音的翻译方法，即把原文发音转换成译入语中相同或相近的发音。很多英语专有名词，其构成词汇并无实际意义，如人名、地名等，对其的常规处理方法就是音译，用汉语中与原文发音相同或相近的词汇代替。在翻译英文人名时，名和姓之间用间隔号“·”隔开。音译有下列几种情况，例如：

1. 可以直接用原语发音音译：

Albert Einstein 阿尔伯特·爱因斯坦　Francis Bacon 弗朗西斯·培根

Joe Biden 乔·拜登　Donald Trump 唐纳德·特朗普

Hollywood 好莱坞　Berlin 柏林

Washington 华盛顿　Scotland 苏格兰

Twitter 推特　Google 谷歌

2. 有些专有名词不能完全用英语发音音译：

Paris 巴黎（不能用英语音译，像“Paris”——帕里斯）

Rome 罗马（不可用英语音译，像“Rome”——罗姆）

Germany 德意志（不能用英语音译，像“哲默尼”）

3. 日本的一些专有名词按照日文汉字的发音音译，所以他们的音译和我们的音译差别很大：

Tokyo 东京　Nagasaki 长崎

Hiroshima 广岛　Yokohama 横滨

Toshiba 东芝　Mitsubishi 三菱

Hatoyama 鸠山

4. 有些专有名词（包括人名和地名）的“约定俗成”的音译法：

Bethune 白求恩　Eden 艾登

Nixon 尼克松　Roosevelt 罗斯福

Churchill 丘吉尔　Hitler 希特勒

Chapayev 夏伯阳　Bernard Show 萧伯纳

The Thames 泰晤士河　Time《时代》周刊

使用音译法时，需要注意汉语选字及可能产生的联想意义。汉语中的同音异形现象十分普遍，相同的发音可以匹配若干不同的汉字，而不同的汉字会带来不同的联想，因此必须结合原文语境选择合适的汉字，避免不恰当的联想。如“Joe Biden”的音译为“乔·拜登”，这三个汉字能够避免不合适的联想，比较适用于人名，如果替换成“酒·拜灯”，就很不合适。

使用音译法时，还需要注意的一点就是译名要力求规范，也就是要勤查工具书，查找正式的、约定俗成的译名，以免引起混乱。如“Shirley Temple”的音译名就是“秀兰·邓波儿”，虽然与原文的发音不十分相似，但这个译名已经广为接受，如果译成其他，反而会给读者带来困扰。

二、音、意合译

音意合译是一种特殊的音译法，即译文在保留原文语音特点的同时，能够表达特定含义，这主要是通过汉语词汇的联想意义来实现的。上文说过，在使用音译法时需要结合原文语境选择合适的汉字，避免不恰当的联想；而如果所选汉字能够令读者产生与原文语境相契合的联想，就实现了音和意的统一。这一处理方法主要适用于商标品牌名称的翻译。例如：

Coca Cola

【译文】可口可乐

【评析】这四个汉字能够让人联想到饮料可口的口味和给人带来的愉悦，正与产品的属性相契合，达到了音和意的完美统一。

Benz

【译文】奔驰

【评析】这是大家耳熟能详的一款高端汽车品牌，其译名体现了产品的高性能，采用了音意合译。

Canon

【译文】佳能

【评析】此品牌也是采用了音意合译法。这个品牌名“佳能”本身就会给广大消费者一个极佳的联想意义，产生一种消费欲望。

Safeguard

【译文】舒肤佳

【评析】“舒肤佳”是清洁用品，会使人联想到，使用这种清洁用品后，能让消费者的皮肤有舒服极佳的感觉。

Pampers

【译文】帮宝适

【评析】“Pampers”谐音“帮宝适”，是婴儿用品，让人联想到，使用这种婴儿用品后，能保护婴儿的娇嫩皮肤，不受到损伤，这样就会吸引广大的消费者。

三、意译法

意译法（Semantic translation）主要用于下面一些专有名词，如组织、公共机构、报刊、电台、新闻机构、书、电影等名称以及含有特定意义的地名、大多数专业术语等都要进行意译。翻译时，可以参考《各国政府机构手册》《世界报刊、通讯社、电台译名手册》《英汉技术词典》等。意译法是与音译法相对的一种翻译方法，即依据专有名词构成词汇的字面意思转译成译入语的一种处理方法。如果专有名词构成词汇具有基本含义，如机构组织名，往往适用意译法。例如：

West Point 西点　the Indian Oceans 印度洋

the United Nations 联合国　the European Union 欧盟

the White House 白宫　the Yellow Stone Park 黄石公园

Daily Telegraph《每日电讯报》　the Pentagon 五角大楼

AP（Associated Press）美联社　the Kremlin 克里姆林宫

Whitehall 白厅　Fleet Street 舰队街

四、半音译半意译

有些英语专有名词，部分词汇没有意义，部分词汇有意义。这种情况下，可以采用半音译半意译的处理方法，即对没有意义的部分采用音译，有意义的部分采用意译。例如：

Buckingham Palace 白金汉宫（Buckingham 音译，Palace 意译）

the Mississippi River 密西西比河（Mississippi 音译，River 意译）

Tower of Babel 巴别塔（Tower 意译，Babel 音译）

Greenwich Mean Time 格林尼治平均时间（Greenwich 音译，Mean Time 意译）

Queen Elizabeth 伊丽莎白女王（Queen 意译，Elizabeth 音译）

Cambridge 剑桥（Cam 音译，bridge 意译）

Ohm's law 欧姆定律（Ohm 音译，law 意译）

Einstein equation 爱因斯坦方程（Einstein 音译，equation 意译）

译文赏析

1.the World Bank

【译文】世界银行

【评析】该专有名词由“world”和“bank”这两个有意义的词汇构成，适用意译法，故根据字面意思译为“世界银行”。

2.Goodyear

【译文】固特异

【评析】这是一个轮胎品牌名称，译名“固特异”采用了音意合译的方法，根据近似发音，选取的三个汉字能够产生“特别牢固、与众不同”的联想，令人印象深刻。

3.William Shakespeare

【译文】威廉·莎士比亚

【评析】这是一个人名，适用音译法。这个音译虽然与其英文发音并不十分相似，但已经成为一个“约定俗成”的译名，所以不必改译，沿用原有的译名，以免给读者带来困扰。

4.Harvard University

【译文】哈佛大学

【评析】该专有名词中包含一个无意义的词汇“Harvard”和一个有意义的词汇“University”，因此校名适用半音译半意译法，译为“哈佛大学”也会被人们接受。

第四节　增词译法

增词法是常用的英汉翻译技巧之一，是指在原文的基础上添加相关语言成分，使译文能够更加清晰明确地传达原文意义，表达上更加符合汉语的表达习惯。使用增词法时，必须遵循“增词不增意”的原则，即所添加的内容是原文虽无其词却有其意的词、词组或句子。英译汉中的增词处理主要包括以下几种情况：

1. 结构性增词

结构性增词是为了保持语言结构上的完整性。

1）We won't retreat，we never have and never will.

【译文】我们不后退，我们从来没有后退过，我们将来也决不后退。

【评析】原文中两个“retreat”省略，为了加强语气，表达决心，必须在译文中增译两个“后退”，把原文中的语气充分地体现出来。

2）They have our interest at heart as we have theirs.

【译文】他们关心我们的利益，我们也关心他们的利益。

【评析】在原文中省略了一个“利益”，为了使结构上表达完整，在译文中必须增译一个名词“利益”，这样不仅不觉得累赘，反而使语义更加完整清晰。

3）He was a quiet and thoughtful man.

【译文】他举止文雅，待人体贴。

【评析】从原文中可以发现，少了两个名词“举止”和“待人”。为了使译文在结构和搭配意思上完整，必须在译文中增补“举止”和“待人”，这样表意就完整流畅。

2. 语义性增词

语义性增词是指为了使译文语义明确，通顺流畅，符合汉语行文习惯，而根据表达意义需要增加的词语。增译的词语可以包括各种词类以及表示名词复数、动词时态等方面的词语。下面为常见的增补的汉语范畴词：

preparation—准备工作　solution—解决办法

necessity—必要性　arrogance—傲慢态度

complexity—复杂性　jealousy—嫉妒心理

modernization—现代化　collectivism—集体主义

industrialization—工业化　collectivization—集体化

tension—紧张局势

foolhardiness—蛮干作风　madness—疯狂行为

irregularities—越轨行为　complacency—自满情绪

loftiness—崇高气质　alienation—异化现象

下列汉语句子中，翻译成英语时必须通过增加词语来补足语义，使译文表达通顺流畅，符合汉语行文需要。

1）Arrangements have been made to give the foreign guests a warm welcome.

【译文】为热烈欢迎外宾，准备工作已经就绪。

【评析】原文中的“arrangement”本义是“安排、准备”，如果将此词直接翻译出来，可以勉强表达原文的意思，但不够完整、清晰。所以，在译文中必须将“arrangements”译为“准备工作或安排工作”，通过增补一个范畴词“工作”，译文就更为清晰、完整。

2）She confines her remarks to scientific management.

【译文】她所讲的仅限于科学管理问题。

【评析】原文中的“management”本义是“管理”，如果将此词直译成“管理”，其表达的意思不够完整，所以译文中增补一个范畴词“问题”，就使译文的意思完整，更加清楚明了。

3）Recourse to arms is not the best solution to a quarrel between countries.

【译文】国与国之间的争端借助武力，不是最好的解决办法。

【译文】原文中的“solution”本义是“解决、解答、解释、溶解”，如果只译为“解决”，表意不完整，此处增补一个范畴词“办法”，译文就更为完美。

4）He was described as impressed by your flexibility.

【译文】据说，他对你的灵活态度印象深刻。

【评析】原文中的“flexibility”本义是“灵活性、柔性、弹性”，翻译时增补一个范畴词“态度”，使译文的意思更加完整、清晰。

3. 逻辑性增词

逻辑性增词是增加一些关联词、虚词、语气词等，表示语言的逻辑性。

1）I said nothing because I could feel the resentment from where I sat by the coffee table.There was a large envelope on the table.

【译文】我坐在咖啡桌旁边，什么也没有说，因为我感觉到他有气。咖啡桌上放着一个大信封。

【评析】此句中增加了一个关联词“因为”，使得汉语句子前后连贯，符合汉语表达逻辑。

2）Air pressure decreases with altitude.

【译文】气压随海拔高度的增加而下降。

【评析】原文中的“altitude”译为“海拔高度”，翻译时应在其后面增补“增加”这个词语，使译文顺理成章，符合逻辑。

3）Don’t take it seriously ! It’s only a joke.

【译文】不要太认真嘛，这只是一个玩笑而已。

【评析】译文中增补了一个语气助词“嘛”和一个虚词“而已”，虽然没有实意，但译文的语气表现出来了。下面详细地讲解结构性增词和逻辑性增词的使用。

一、结构性增词

结构性增词主要是由于英汉两种语言在语言结构上存在着很大差异，英语当中不需要的，汉语当中是必要的，或者英语当中需要的，汉语当中是不必要的。分析下列两种情况，并进行结构性的增词。

1. 英文省略结构性的增词翻译

结构性增词的适用情况之一是英文的省略结构。按照英文的表达习惯和修辞要求，重复内容往往倾向于省略，而汉语则倾向于重复，因此在处理英文的省略结构，尤其是动词性省略时，汉译时往往可以增补被省略的内容，以使译文表达清晰、通顺。例如：

1）They understand the Internet，how it works and how people use it.Google is all about inventing new ways of finding the information you want.

【译文】他们了解因特网，了解它是如何运作的，了解人们是如何使用它的。Google 就是用新的办法来找到你所需要的东西。

【评析】原句中，动词“understand”后面带了三个宾语，译文中为了结构性需要，增补了两次“了解”，表达自然，符合汉语行文习惯。

2）Reading makes a full man; conference a ready man; and writing an exact man.

【译文】读书使人充实；讨论使人机智；笔记使人准确。（王佐良译）

【评析】原文第二和第三句都省略了谓语动词“makes”，汉译时，为了结构性的需要，增补“使人”一词，符合汉语的表达习惯。

3）Kant walked very slowly because he thought it was bad for him to sweat, and alone because he had formed the habit of breathing through his nostrils.

【译文】康德散步的时候走得很慢，因为出汗对身体不好。他还喜欢独自一人散步，习惯用鼻子呼吸。

【评析】原句中，“and”后面省略了“Kant walked”，如果不做结构性的增词处理，直译成“独自一人”，会令人不知所云。

2. 增加概括词的翻译

结构性增词的第二种情况是“增补概括词”。在一些汉语句子中，往往增加一些概括性的词语，不仅可以使前后句子连贯，还具有总结的意思，可使译文表述的内容清晰明了，便于读者理解。例如，通常使用“这、那、这一切、所有这些、上述各项、凡此种种、以下内容、如下事实”等词语。

1）The paper has theoretically and practically proved the incorrectness of the theory.

【译文】论文从理论和实践两个角度证明了该理论的错误性。

【评析】译文在“理论和实践”后面增添了概括词“两个角度”，在处理“incorrectness”这个抽象名词时，增补了范畴词“性”，表达清晰完整。

2）The two countries have deepened their cooperation in education，culture，science and technology.

【译文】两国加强了教育、文化、科技等领域的合作。

【评析】译文在“教育、文化、科技”三个列举成分后面，增添了概括词“等领域”，表达完整，语义清晰。

3）A designer must have a good foundation in statics，kinematics，dynamics，and strength of materials.

【译文】一个设计人员必须在静力学、运动学、动力学和材料力学这几方面有很好的基础。

【评析】译文中译出四个学科之后，增补了一个概括性的词语“这几个方面”，不仅对前面提到的内容进行了总结，而且对前面提到的四个学科予以强调，使读者加深了印象。

4）Sino-Russia links have multiplied—political，commercial，educational，cultural，defence，science and technology.

【译文】中俄两国在政治、商务、教育、文化、国防和科技等领域的交往成倍地增加。

【评析】译文中，译者增加了一个概括性的词语“等领域”，使译文更加符合汉语的表达习惯。

5）Inventors and the public want more information on the economic，social and environmental impacts of organizations.

【译文】投资者和公众希望更多地了解各位在经济、社会以及环境领域等几方面发挥的影响。

【评析】译文中首先提到几个具体问题，然后用一个概括性的词语“几个方面”进行概括，不仅起到了强调作用，而且使译文更加完整，更加符合汉语习惯。

二、逻辑性增词

顾名思义，逻辑性增词指出于逻辑连贯的需要所做的增词处理。英译汉时，要根据上下文的行文逻辑，添加一些承上启下的关联表述，以使译文通顺流畅。例如：

1）Youth is not a time of life， it is a state of mind; it is not a matter of rosy cheeks，red lips and supple knees; it is a matter of the will，a quality of the imagination，a vigor of the emotions.

【译文】青春不是年华，而是心境；青春不是桃面、朱唇、柔膝，而是深沉的意志、无限的遐想和炙热的恋情。

【评析】原文第一、二个分句和第三、四个分句构成两组一反一正的对仗句式,译文在处理第二和第四个分句时,省略主语的同时,增补了两个“而”,使原文的逻辑结构完整，表达通顺流畅。

2）Few of them held jobs outside the home，and those who did filled thankless roles as clerks and waitresses.

【译文】她们很少有人离家工作，即便有，也多是干些文员、招待之类意义不大的差事。

【评析】译文中增补了表示让步转折的关联词语，表述“即便……也”，强调了上文“few”的含义，逻辑顺畅。

3）My parents insisted upon college instead of a conservatory of music，and to college I went.

【译文】我父母坚持让我上大学而非音乐学院，最后我如他们所愿上了大学。

【评析】译文中增补了“最后”和“如他们所愿”两个关联词语表述，使上下文衔接紧密，连贯性强。

译文赏析

1.The last six years have seen Google become not just the world's most popular Internet search engine，but a verb，a household word and a cultural phenomenon.

【译文】过去六年里，Google 不仅变成了世界上最受欢迎的搜索引擎，而且变成了一个动词，变成了一个家喻户晓的词语，甚至变成了一种文化现象。

【评析】原句中，动词“become”后面接了四个宾语，符合英文省略重复结构的行文习惯，但汉语倾向于重复，译文中增添了三个“变成”，使行文表达流畅自然，意思更加清楚。

2.The first electronic computers went into operation in 1945.

【译文】第一批电子计算机于 1945 年投入使用。

【评析】原句中“computers”是一个复数名词，将其译为汉语时，添加了“第一批”（the first），不仅表达出“第一批”的时间概念，而且也有强调的意味。

3.As a new spring begins，I remain hopeful that our two countries can move beyond tension.

【译文】新的一年春天到了，我仍然对我们两国能够摆脱紧张局势充满希望。

【评析】“tension”是一个抽象名词，其意思是“紧张”，汉译时在其后面添加范畴词“局势”，使语义更清晰，符合汉语行文规范。

4.Great sums of money have been spent，for example in the deserts of

Egypt，in“prospecting” for oil.Sometimes little is found.

【译文】石油勘探花费巨大，比如，在埃及的沙漠里进行的勘探工作就是如此，但往往收效甚微。

【评析】原文两个句子之间有明显的对比转折关系，汉译时添加了关联词“但”，表示转折关系，使上下文更加连贯流畅。

5.I wondered what this powerful and tragic figure thought as he ended a term of office that had begun with soaring aspirations and finished in painful division.

【译文】我很想知道这位曾经权倾一时的悲剧人物此时此刻有何感想。他上任之初，人民对他寄予厚望，而今离任时，国家却陷入严重分歧。

【评析】原句中的“soaring aspirations”和“painful division”是两个语义比较模糊的表述。如果直译成“崇高理想”和“痛苦分裂”，虽然也可以，但意思指向不明，译文通过增加词语处理的方式，使它们指向的对象明确化，表达更清晰，更易于理解。

6.How these two things—energy and matter—behave，how they interact one with the other，and how people control them to serve themselves make up the substance of two basic physical science，physics and chemistry.

【译文】能量和物质这两样东西具有什么性质，如何互相起作用，如何控制它们为人类服务，这些问题就构成了物理和化学这两门基础自然科学的主要内容。

【评析】译文先将原文中的“能量和物质”的性质、相互作用以及如何控制它们为人类服务译出，然后增加了一个概括性的词语“这些问题”，对前面提到的内容进行了概括。这样不仅译文层次清楚，而且也符合汉语行文的逻辑。

第五节　减词译法

翻译中的减词法是指在完整保留原文意思的前提下，删除一些在译文中显得多余甚至影响表达的词语和一些翻译过来显得累赘，甚至可有可无的词语。在使用减词译法时，需要遵循“减词不减意”的原则。也就是说，原文的某个或某些语言成分在译文中没有对应译出，但原文意思并没有因此有任何缺漏，只要满足这个条件，任何语言成分都可以省略。

英译汉中的减词处理主要包括以下几种情况。

1. 省略英语中的特有词语：非人称代词、先行词、指示代词、惯用法特有代词——“it”。

2. 省略补足词或多余词——“there”。

3. 省略在习惯表达句子（there + be）中的——“there”。

4. 省略句子中的冠词——“the”或“a/an”。

5. 省略汉语多余的词——“人称代词”或某些“动词”等。

英汉翻译中的减词包括减去原文中的某些重复部分，减去原文中没有具体含义的词语，以及减去原文中某些概括性的词语。

一、省略英语特有的词

英语中有些词的用法是英语特有的，汉译时无法做相应处理，往往需要省略。主要包括：

1. 省略“there be”句式中的“there”

“There be”句式是英文中的存现句，表示人或物的存在，该结构中的“there”是一个引导词，并不表示实际的“那里”之意，汉译时需要省略。“There be”句式可以译为汉语的无主句“有……”，还可以根据具体语境选取其他主语做灵活处理。例如：

1）For any trend，there are as many reasons as there are participants.

【译文】不管什么时尚，有多少人跟着赶时髦，就有多少种理由。

【评析】原句中的“there are”汉译时，省略引导词结构“there are + subject”中的“there”，译为无主句“有……”，这也是汉译“there be”句式的常规译法。

2）She was a very beautiful woman，of a noble spirit，and there was a dignity in the grief amidst all the wildness of her transport.

【译文】她（母亲）十分漂亮，气质高贵，于悲痛欲绝中透露出尊严。

【评析】原句中的“there was”句式，汉译时，省略了“there”，使译文表达简洁自然。

3）There is a steady decrease in the birth rate these years.

【译文】近年来，出生率持续下跌。

【评析】原句中的“there is”句式含有“存在……情况”之意，用作谓语，不必译出来。“出生率”作为主语，表达简洁流畅。

4）Where there is a will，there is a way.

【译文】有志者，事竟成。

【评析】原文中“where”没有实意，两个“there is”含有“有……”之意，用作谓语，翻译时将其省略，不但不影响译文，反而使译文表达简洁流畅。

5）There is nothing but is good for something.

【译文】没有什么东西是毫无用处的。

【评析】此句是带“引导词结构的句型”(There be + subject)。其实，“there”在句子中无实意，“there is...”含有“有”的意思，用作谓语。翻译时将其省略，不但不影响句意，反而使译文表达简洁流畅。

2. 省略非人称代词和不定代词“it”

非人称代词和不定代词“it”除了起指称作用外，还可用作先行词，构成强调句式，或用来指时间、天气、距离等。对于第一种用法，翻译时可根据具体情况进行处理，例如，“Be a place what it may，one gets to like it，if one lives long in it.”（译文：无论是什么样的地方，只要住久了，总会喜欢上它的。）省略了第一个分句和最后一个分句中的“it”。对于后一种用法，通常连同系动词一起省略：“He glanced at his watch，it was 7 ∶ 15.”（译文：他看了下手表：7 点一刻了。）省略了句子中的“it”。

在一些英语句子中，主语或宾语由不定式短语、动名词结构、从句等构成；句子比较长，为了避免句子头重脚轻，英语往往会使用“it”作形式主语或宾语，把真正的不定式、动名词、从句等主语或宾语放到句末，在处理这类结构时，用作形式主语或宾语的“it”可以省略。例如：

1）It is no use regretting what has been lost.

【译文】失去了再来追悔，毫无意义。

【评析】原句中的“it”是一个形式主语，真正的主语是后面的动名词短语“regretting what has been lost”，汉译时省略形式主语“it”，真正的主语提前译出，符合汉语的行文习惯。

2）Suppose it were perfectly certain that the life and fortune of every one of us would，one day or other，depend upon his winning or losing a game at chess.

【译文】假设有一天我们每个人的生活和命运必然要取决于自己在棋盘上的输赢。

【评析】原句中的“it”同样是一个形式主语，真正的主语是“that”引导的从句，汉译时把“that”从句译为主语，形式主语“it”省略。

3）We must make it clear to the public how the virus is spread and how it can be prevented.

【译文】我们必须告知公众病毒是如何传播的，可以如何预防。

【评析】原句中的“it”是一个形式宾语，真正的宾语是句子中的关系副词“how”引导的从句“how the virus...be prevented”，汉译时省略形式宾语“it”和第二个从句中的“it”，使译文更加简洁通顺。

4）How is it with the sick man？

【译文】那病人怎么样了？

【评析】原文中的“it”是非人称代词，在句子中无实意，译文中将其省略。

5）It is with words as with sunbeams: the more they are condensed，the deeper they burn.

【译文】文字像日光一样：愈精练，愈有力。

【评析】原文中的“it”是主句中的补足“形式主语”，但无实际意义，翻译时，予以省略，译文更加简洁。

3. 强调句式中的“it”，翻译时可以省略

英语强调句式结构主要有下列两种，其中的“it”为形式主语，翻译时省略不译。例如：

（1）“It is（was）+ 状语 +that + 句子”强调状语，表示状语成分的可以是单词、词组或句子。句子可以是主语从句、宾语从句或状语从句。

（2）“It is（was）+ 代词（名词形容词）+ that（who / whom / which / whose）+ 句子”，句中的“it”，只具有形式上的意义，没有实际意义，汉译时省略。

1）It is not until she had arrived home that she remembered her appointment with the dentist.

【译文】她回到家才想起来约了牙医看牙。

【评析】原句使用了“it is not until ...that”的强调句式，译文省略“it”，用了“才……”表达原句的强调意义，文意流畅。

2）Her behavior of cutting ties with her parents after going abroad is contemptible for it is her parents who make her what she is today.

【译文】她出国后就跟父母断绝了联系，这种行为实在可鄙，要知道是父母造就了今天的她。

【评析】原句中出现了“it is...who”的强调句式，译文在“for it is her...is today”中，省略了“it”，用“是……”的结构表达原文强调的意味，符合汉语的行文习惯。

3）It is in the spirit of mutual prosperity that we develop our relations with neighboring countries.

【译文】我们正是本着共同繁荣的精神发展与邻国的关系。

【评析】原句中“it is ...that”的强调句式，无实际意义。汉译时省略“it”，译为“正是……”，起到了原文强调的作用。

4）It is Professor Wu who sent me the letter.

【译文】给我寄信的是吴教授。

【评析】原文中的“it”只是构成强调结构的一种形式，没有实意，翻译时省略，使得译文表达更加简洁。

5）She feared it would go hard with her parents.

【译文】她担心她的父母亲要受苦。

【评析】原文中“it”为非人的特有的词，表示一种概念，也通常表示自然现象、时间、距离或一般状态。“it”没有实际意义，将其省略。

二、省略英语冠词

英语冠词（the、a、an）是英语中的一个重要词类，但是其意义更多体现在语法规范的要求之内，而并非表意的要求。在转译为汉语这一重意合的语言时，只要不影响原文意思的准确表达，冠词往往可省略不译。例如：

1）There is a companionship of books as well as of men.

【译文】我们可以与人为友，也可以与书为友。

【评析】原句“a companionship of books”中的不定冠词“a”省略不译，译文的意思不受影响，表达反而显得简洁流畅。

2）If I had been asked as a boy，to choose between tending a baby and tending a machine，I think I would have chosen the baby.

【译文】如果有人问身为男孩的我是选择照看婴儿还是机器，我想我会选择照看婴儿。

【评析】原句中的三个不定冠词“a”和一个定冠词“the”在译文中全部省略，丝毫不影响原文意思的完整表达，如果直译成“一个”和“那个”，反而显得译文累赘。

3）In 1970 the World Bank became the first multilateral institution of its kind to formulate an environmental policy and appoint a high-level advisor to assure its implementation.

【译文】1970 年，世界银行成为同类多边机构中第一个制定环境保护政策并委派高级顾问以确保其实施的机构。

【评析】原句中“World Bank”前的定冠词“the”省略，两个不定冠词“a/an”省译，译文的意思没有缺漏，译文显得简洁而流畅。

4）Any home appliance must be handled with care whether it is a TV set，a VCR or a micro wave oven.

【译文】家电都要轻拿轻放，不论是电视机、录像机还是微波炉。

【评析】原文中出现三个不定冠词“a”，都是指该类物体，译文中都予以省略，使译文更加简洁，也符合汉语的行文习惯。

三、省略英语中多余的词

总的来说，在英语中，限定动词共有两个或两个以上主语时，常常省略第二个主语后面的动词；而在汉语中，主语有两个及以上的限定动词时，常常省略第二个从句当中或之后的动词。由于英语和汉语不同的表达习惯，英语中有些实义词在汉译时，即使不译出其意思，依然有所涵盖，这些词可以省略不译，以使译文简洁。例如：

1）I belong to you and you （belong）to me.

【译文】我属于你，你也属于我。

【评析】原文为了使语言表达精练，把第二个谓语动词“belong”予以省略。

2）Reading makes a full man; conference （makes） a ready man; and writing （makes） an exact man.（Francis Bacon: Of Studies）

【译文】读书使人充实，讨论使人机智，笔记使人准确。

【评析】原文中有三个动词“makes”，保留第一个动词“makes”，后面两个动词“makes”是多余的词，予以省略。

3）Small islands have played a disproportionately large role in the thinking of evolutionary biologists.

【译文】那些岛屿虽小，但在影响进化论生物学家思维的过程中起到的作用非常大。

【评析】原句中的“disproportionately”一词意思是“不成比例的”，指的是岛屿之小与其作用之大不成比例，译文中的“虽小……，但……却非常大”这一表述已经清晰传达了这层意思，故可以省略不译。如果直译为“那些小岛在进化论生物学家的思维中发挥了与之面积之小不成比例的巨大作用”，显得生硬晦涩，不符合汉语的表达习惯。

4）My father often said it was only the hardheaded thriftiness of my grandmother that kept the wolf at bay.

【译文】父亲常说全亏了祖母精打细算，家里才能勉强度日。

【评析】原句中的"hardheaded"意思为"务实的、精明的"，用来修饰"thriftiness"，强调其程度，译文中的"精打细算"已经传达了这层含义，故该词可以省译。

5）We had checked all the terms and conditions carefully before we signed the contract.

【译文】签合同前，我们仔细查看了所有条款。

【评析】英语法律文本用词准确缜密，常出现同义词或近义词成对使用的情况，如原句中的 "terms and conditions"；而汉语的法律文本用语在准确的前提下，采用简明扼要的语言。因此翻译时，如果不影响意思的完整表达，可以省略。如果直译成"条款和条件"，显得啰唆。

6）It always receives us with the same kindness; amusing and instructing us in youth，and comforting and consoling us in age.

【译文】它（书）总以岁月不移的善意相待，我们年少时，它给我们以欢乐并引领我们走向知识殿堂，在我们年岁渐长时，亦不吝抚慰老怀。

【评析】原句中的"comfort"和"console"是一对近义词，意为"安抚、安慰"，在译文中出于简洁表达的需要，做了省略处理，合译为"抚慰"。

总之，英译汉中的实义词省略不是特别普遍，但如果省略不会导致意思的缺漏，即"省词不省意"，则出于简洁表达的考虑，省略也无妨。

四、省略英语代词

英语中的代词使用频率相当高，英语中往往会使用代词来指称上下文中提到的人或物，在英语语篇中起着重要的衔接上下文的作用；但汉语中提到上下文出现的人或物时，往往倾向于省略或重复，代词使用并不频繁。因此在英译汉时，可以省略英语代词，以使译文简洁流畅。例如：

1）Books introduce us into the best society; they bring us into the presence of the greatest minds that have ever lived.

【译文】书本引领我们进入美好境界，带领我们去见那些历史上最伟大的智者。

【评析】原句用了人称代词“they”指代上文出现的“books”，译文省略不译，显得更加简洁流畅。

2）In fact，I was the efficiency expert for the whole family.I used to organize my father’s tools，my mother’s kitchen utensils and my sister’s boyfriends.

【译文】事实上，我那时就是家中的效率专家。我常常整理父亲的工具和母亲的厨具，甚至连姐姐与男朋友们的约会也是由我来安排的。

【评析】原句中的三个形容词性物主代词“my”在译文中全部省译，如果译出，译文会显得十分累赘。

3）Why do we feel cooler when we fan ourselves?

【译文】我们扇扇子时，为什么会感到凉快些？

【评析】译文省略了原句中的反身代词“ourselves”，意思依然清晰，而表达自然流畅，如果译成“我们给自己扇扇子”，显得啰唆。

4）If we can adopt the EU’s（European Union’s）code in the US，we can do a bit of reverse engineering on globalization.

【译文】如果我们能在美国采用欧盟的规范，就可以为设计理念的全球化逆转做一点儿小小的贡献。

【评析】原文中出现两个人称代词“we”。如果在一个句子中出现两个相同的主语时，句子后面的主语“we”，可以省略不译，这样可以使译文更为简练。

5）Manufacturer would also be required to disclose the hazardous contents of the products they buy and their plan for disposing of them.

【译文】还要求制造商公布其外购零部件所含的有害成分以及处理方案。

【评析】原文中的物主代词“their”应予以省略。如果把“their”译为“他们的”，“them”译为“他们”，反而使译文显得啰唆。为了使译文简洁，表达流畅，将“他们”省略不译。

五、省略英语连词

英语是重形合的语言，分句或句子间多用连接成分来表达它们的逻辑关系；而汉语是重意合的语言，分句或句子间的逻辑关系多依靠语义的贯通、语境的映衬，比较少地使用连接成分，其上下逻辑关系常常是暗含的。因此，英译汉时，对连词的处理原则是能省略则省略。例如：

1）If winter comes，will spring be far away?

【译文】冬天来了，春天还会远吗？

【评析】译文省略了连词“if”，若译成“如果”，虽然可以，但显得累赘。

2）The moon is so far from the earth that even if huge trees were growing on the mountains and elephants were walking about，we could not see them through the most powerful telescopes which have been invented.

【译文】月球离地球非常遥远，即使那边山上长着大树，有大象在跑来跑去，我们用已经发明的最高倍率的望远镜也无法看到它们。

【评析】译文没有把原文中的“so...that”直译为“如此……以至于”，而是做了省略处理，使得行文清晰流畅，符合汉语的表达习惯。

3）As we sat at the Sir Alexander's table，we were entertained，according to the ancient usage of the North，with the melody of the bagpipe.

【译文】我们坐在亚历山大爵士的桌旁，主人按照北方的古老习俗招待我们听风笛乐。

【评析】译文中省略了连词“as”，句式紧凑达意，如果译成“当……的时候”，会显得翻译腔较重，读起来不自然。

4）We entered the railway station after crossing the major supermarket，while I was buying tickets at the station，my classmate saw to my luggage.

【译文】我们穿过那家大超市，就进了火车站。我买票，我的同学在照看着行李。

【评析】译文中将两个连词“after”和“while”都予以省略，这样，译文就显得清晰、流畅。

译文赏析

1.All the wisdom of the ages，all the stories that have delighted mankind for centuries，are easily and cheaply available to all of us within the covers of books—but we must know how to avail ourselves of this treasure and how to get the most of it.

【译文】人类历来的聪明才智，世世代代所喜欢的故事，我们皆可从书本里获得，既方便又经济——但我们必须懂得如何利用这些宝藏，懂得如何才能从中获益最多。

【评析】原文中的冠词“the”、代词“ourselves”和“it”、连词“and”在译文中都做了省略处理，显得简洁流畅。此外，名词“covers”也省略了，“the covers of books”简化成了“书本”，意思没有缺失，但更显简洁。

2.As is known to all，using clean energy plays an important role in reducing pollution.

【译文】众所周知，使用清洁能源在减少污染方面发挥着重要作用。

【评析】译文对连词“as”和冠词“an”做了省略处理，符合汉语的表达习惯，如果分别译为“正如”和“一个”，译文会显得累赘。

3.As ever，it was difficult to tell whether it was the occasion or his previous image of it that Nixon actually enjoyed.

【译文】和以往一样，很难判断尼克松喜欢的究竟是眼前的场景还是他幻想中的典礼场面。

【评析】原句出现了三个“it”，其中第一个“it”是一个形式主语，真正的主语是后面的不定式“to tell...enjoyed”，汉译时省略；第二个“it”引导强调句式，汉译时同样省略。

4.Read not to contradict and confute，nor to believe and take for granted，nor to find talk and discourse，but to weigh and consider.

【译文】读书时不可存心诘难作者，不可尽信书上所言，亦不可只为寻章摘句，而应推敲细思。

【评析】对于原句中的两组近义词“contradict”“confute”和“believe”

"take for granted"，王佐良先生采用了省略处理，将两组近义词合二为一，分别译为"诘难"和"信"，同时通过修饰语"存心"和"尽"，传达出了原文近义词成对使用而产生的强调、突出的修辞效果。

5.They say forgiveness is divine.It may be good for your health，too.

【译文】常言道，宽容乃圣德。研究表明，宽容有益健康。

【评析】原文中出现两个代词：一个人称代词"they"和一个非人称代词"it"，翻译时都予以省略，使译文表达简洁流畅。

第七章　英语翻译教学中几种关系的处理

第一节　思维与能力

人类的大脑是思维的物质载体，思维是大脑的功能，思维是人类对客观事物间接、概括的反映，它产生于人类的感知但高于感知。换言之，思维是人类认识现实世界时动脑筋的过程，因此，就必须进行比较、分析、综合、推断。尽管全世界有几千个民族，但各民族不管使用什么样语言，他们的大脑在生理结构是相同的，所以人类的思维有共性可寻。之所以思维存在差异，只是由于使用的语言不同，影响了人们的思维方式。众所周知，英语国家的人与汉语使用者的思维方式有所不同。英汉两种语言属于两个完全不同的语系，加上使用这两种语言的人所处的国家有各自不同的发展历史、文化背景等，使得英汉两个民族的思维方式产生了差异。

一、培养学生拥有正确的翻译策略

由于学生个体的不同和他们在学习目的、动机、情感、学习经历以及学习外语时的客观条件等方面的不同，他们所采取的翻译策略也截然不同。正是由于翻译者选择了不同的策略，他们的翻译效率和效果才大为不同。随着认知学习理论的发展，人们对学习者和教师在学习中的作用的看法有了改变。人们越来越认识到学习者被看作是积极的信息加工者、解释者和综合者更为合适。一个良好的学习者可以根据不同外语、不同学习任务、不同的外语翻译课堂教学类型而选择不同的翻译策略去存储和提取信息，使用不同的策略去完成学习任务，实现学习的目标。因此，他们可以相对缩短语言习得的速度，较快地达到教学大纲所要求的翻译水平。

针对翻译策略的培养方法有两种观点：一是直接讲授，二是间接训练。直接讲授指教师告诉学生策略训练的目的和意义，然后进行训练；间接训练中，教师不告诉学生为什么练，练哪种，但是教师会把学习策略安排在学习活动中或练习材料中，学生在练习中无意识地掌握学习策略。中外学者对成功的外语学习者进行了一系列研究，他们的研究给了我们一定启发。我们应该在工作中发现那些成功的外语学习者，并对他们的特征进行分析研究，总结归纳他们学习的特点，这会有利于我们鼓励更多的学生向着成功的方向迈进，把英语学得更好。事实上，在教学中我们会碰到一些口头交际能力较强的学生，但他们的笔头功夫可能较差；当然也有相反的情况存在，归根结底，都是因为学习者所选用的学习策略不同。

二、培养学生良好的语言意识和文化意识

外语翻译教学应包含两个层面：一是语言符号层面。即通过一段时期的外语学习，使学生掌握一定的语音、语法、词汇、修辞等知识，从而为学生掌握听、说、读、写、译等技能奠定基础。二是文化层面。语言是文化的载体，文化又深深根植于语言。文化与语言的密切关系已成为大家的共识。外语学习者不仅要学习一种截然不同的语言符号，而且要面对和学习陌生的文化，包括各种制度规范、礼仪习俗、行为方式；更深一层还有思维方式、思维习惯、传统文化、社会形态、价值观念、风土人情、审美情趣等。不了解语言所承载的文化，就不可能掌握所学的语言。因此，外语学习者如何面对与本民族文化相冲突的目的语文化，站在什么样的角度，采用什么样的方法来看待它们，即培养学生较强的文化意识是外语教学中的一个重中之重的问题。

语言是人类思维的工具，是人类形成思想和表达思想的工具，语言词汇是最明显的承载文化信息，反映人类社会文化生活的工具。培养学生的语言意识，首先应让学生通过阅读大量的语言材料去理解母语和外语之间在语言单位上的差异，掌握外语的基本语音、词汇和语法，进而使学生的语篇水平、交际能力、信息传递能力、文化知识等得到提高。对于外语学生来说，文学、

语言学内容有利于培养学生的批判鉴赏能力，可提高他们的语言意识，是外语教学的核心内容。同时，由于我们的培养理念是“外语+方向”，因而对学生方向课的培养必不可少，对能力的要求就会更高，而且学校应适当开设相关专业知识课程，以满足学生的需要，更好地提高其实际应用能力。

三、培养学生具有较强的跨文化交流能力

外语教学的跨文化性决定了跨文化交际能力在外语教学中的重要性，外语教师应使学生在语言能力上从“文化知识重现”这一层面上升到文化理解、文化洞察与分析这一更抽象、理性的层面。因此，外语教学应把学生培养成具有跨文化交际能力的文化交流的使者，并使之具有对不同文化的一定的洞察力和分析比较能力。外语教学过程中，教师可通过课堂语言材料的讲解以及学生通过阅读目的语作品，多方作用来了解外族文化的重要性。比较法是跨文化语言交际中的一个极为重要的手段。有比较才有鉴别，只有通过对比才能发现学生母语和目的语语言结构与文化之间的异同，从而获得一种跨文化交际的文化敏感性。

四、加强学生思维能力的培养

一种民族语言与该民族的文化有着千丝万缕的联系，而语言的各种语义都作为集体的思维成果巩固在语言单位之中。语言和思维有着辩证统一的关系。思维是指用概念、判断、推理等形式反映客观现实的过程。语言与思维是相互依存和相互促进的：一方面，从语言对思维的作用看，语言使思维物质化；另一方面，从思维对语言的作用看，思维是构成语言单位的必要条件，只有通过大脑的反映活动，语言单位的形式方面才能与客观世界的事物、现象和关系发生联系。

语言具有民族的特点，但思维的规律是全人类的。一个民族用自己的语言可以形成和表达思想，另一个民族也可以用自己的语言来形成和表达。语言可以表达任何思想，不论这个思想是属于哪一个民族，或者先用什么语言来形成和表达。思维能力的培养在外语教学中是一个常常被忽视的问题。外

语翻译教学课程量大，技能操练多，没有给学生保留足够的思维空间和拓宽知识的空间。但实质上，外语翻译教学过程始终贯穿思维的运用和发展全过程，这是由语言和思维的辩证关系决定的，合理的外语翻译教学对学生思维能力的发展有重要作用。那么，如何结合外语翻译教学的特点发展学生的思维能力呢?

首先是翻译教学内容和教材的选择与合理运用。现在，我国现有的外语教材有很多种，我们应该根据学生的年龄、教育背景、学习动机、水平、目的、期望、语言技能的弱项、学习方法的偏好等，以及任课教师本人的专业基础、语言水平、教学经验、语言技能的强项、教学方法的偏好、对教学效果的期望等选择教材和安排教学内容。同时，不同性质的学习材料（文字材料、语音材料、多媒体教学课件等）会为各种类型思维的发展创造不同的可能性，外语教师应充分利用材料的内容和学习目标去锻炼学生的思维，并应给自己的单元教学规定思维培养方面的具体目标。

其次是采取灵活多样的教学法和教学模式。由于教学任务和教学内容的不同，教师不应该固守一种教学方法和教学模式。这样不利于学生发散性思维的培养。在外语翻译教学过程中，教师必须着重培养学生独立思考的能力；培养学生多角度地分析问题的能力；培养学生运用的各种思维方法解决问题的能力，并对结论的推理过程给予足够的重视。

总之，外语翻译能力的培养是外语翻译教学的出发点和归宿，外语翻译教学活动应围绕这一目标展开。一种教学法和教学模式的优劣，主要看它是否使学生的能力有所提高，即需要有正确的学习策略；良好的语言意识；正确的文化意识和较强的跨文化交流能力。

第二节　教师与学生

自 20 世纪 40 年代早期，很多教育学家和心理学家在认知风格方面做了大量的研究，提出和验证不同的认知风格结构，如依存型—独立型、聚合型—发散型、整体型—序列型、言语型—表象型等。20 世纪 90 年代，英国伯明翰大学的拉埃丁及其同事在认知风格方面的研究做出了很优秀的成果，一方面他们对已有的研究成果进行了综合，另一方面他们提出了一套认知风格评估体系。

认知风格是个体在信息加工和完成认知任务过程中其个性特征的具体表现，也是一个人在感知、记忆和思维过程中所具有的稳定风格在认知活动领域里的体现。由于认知风格已成为个体心理现象的有机组成部分，因此，一个人的学习活动必然会受到其认知风格的影响。个体学习认知风格的形成是认知活动自我意识和调控的个性体现，它直接参与并操纵学习的基本过程。它不仅影响学生的学习过程及能力素养的提高，同时还制约教师的认知活动及其个性化体现的教学风格。

不少学者认为教学可以促进学生认知风格的形成和完善。建构主义教学观认为，教学过程中，每个人都是一个独立的主体，并以自己的认知方式建构主观世界。只有当教师的教学策略和方法与学生的学习风格相匹配时，学生才能提高学习效率。教师应遵循学生心理发展的客观规律，在教学过程中根据学生个体的认知方式、学习策略，对教学目标、内容、手段等进行选择、组合、管理，因材施教，为每个学生显露自己的特长提供条件，发挥各层次学生的学习积极性和个体素质优势，让每个学生都能得到充分发展。

一、教学风格和学习风格内涵解析

（一）教学风格的内涵解析

教学风格是指在教师个体认知结构和一定的教学理论指导下，在长期教学实践中逐步形成的适合自己个性特征、思维方式和审美趣味的教学个性化的稳定状态的外在表现。同时教学风格是教师的教学策略和教学方法的集中表现，是教师的个性综合素质的体现，是教师日益成熟的重要标志。

教师的教学风格与其本人的认知风格和知识结构直接相关，同时还应受到教学对象的制约。教学风格的形成与发展，实际上是教师对其自身的认知方式、知识架构不断解析并满足教学对象需要的过程。良好的教师教学风格是能够与其既定的教学对象的学习风格相匹配的，这既能促进学习风格多样化发展，又有利于塑造具有个性魅力的教学风格。

关于课堂教学风格的类型，由于使用的标准不同，类型也就不同。以课堂教学中师生交流信息的活动方式和方法为标准，可以把课堂教学风格分为以下几种主要类型。

1. 理智型

其特点是教学结构紧凑，教学重点和难点突出，教学内容条理清楚，重视学生逻辑思维能力的培养，用理智控制课堂教学进程。

2. 情感型

其特点是以饱满的情绪感染学生，以温暖的话语鼓励学生，在理解、沟通的前提下，师生共同营造出一种热烈的课堂气氛。

3. 自然型

其特点是教师将教学内容融于简朴、真实的教学情景之中，学生在反思的过程中获得知识。

4. 幽默型

其特点是教师讲课生动形象，机智诙谐。该教学风格有助于调动学生学习的积极性和主动性。

5. 技巧型

其特点是教师讲课精于各种教学方法。整个教学设计体现出教师对学生的认知结构、心理特征和知识结构以及学习能力的了解及对教学方法的合理运用和对知识重点、难点的准确把握。

（二）学生认知风格的内涵解析

学生认知风格，是指学生在知觉、思维、推理、理解、解决问题和记忆等认知活动中加工和组织信息时所显示出来的独特的、稳定的外在表现。

学生的智力水平和已有的知识结构在一定程度上制约其认知结构的发展程度，并且直接参与学习的基本全过程。学生的认知风格在认知结构的基础上受家庭环境、教育层次和社会文化倾向的影响，并通过个体自身长期的学习活动而形成，具有鲜明的稳定性与可塑性特征。

学习风格具有相对性，学习风格就没有优劣之分，只有不同的学习风格适于完成不同的学习任务。安德鲁将学习风格按照感知方式分为视觉型、听觉型、动觉型；按照认知方式分为整体型、细节型、综合型、分析型、尖锐型、齐平型、演绎型、归纳型、场独立型、场依赖型、冲动型、思考型；按照个性特点分为外向型、内向型、随机—直觉型、具体—程序型、封闭型、开放型。从他的研究体系和方法上，我们可以看出学习者的学习策略和学习方式处于学习风格中的核心地位。

二、教学风格对学习风格的影响

学习风格的形成受诸多因素的影响，既有来自生理、心理和知识结构的内部因素，又受到来自学习环境、教学模式、教学策略以及教师的教学风格等外部环境因素的影响。而教师的教学风格是这些外部环境因素的重中之重，直接影响着学生学习风格的形成和发展。教师的教学风格对学生的学习风格的影响主要体现正负两个方面。正向影响：一是在学生学习风格初步形成阶段，教师的教学风格直接影响甚至决定学生的学习风格的形成；二是在学生学习风格丰富和发展阶段，对学生已有的学习风格起积极的引导作用。负向影响：当教师的教学风格与学生的学习风格不相匹配时，对学生已有的学习风格会起到消极的阻碍作用。

一般而言，严谨教学风格的教师会培养出一丝不苟的学生；理智型、自然型和技巧型教学风格的教师在教学过程强调学生的主体地位，注重发挥学生的主观能动性，因而具有这几种类型教学风格的教师深受场独立型学习风格的学生喜爱；情感型、幽默型的教学风格会培养出依赖型的学习风格。不同教学风格的教师会不同程度地调教出与之相匹配的学习风格的学生。

高效的教学过程是以教师的教学风格和学生的学习风格相匹配为前提的。外向型的学习风格在理智型的教学风格下很难发展，却有可能在幽默型、艺术型、情感型的教学风格下开花结果；情感型的教学风格能感染内向型学习风格的学生，而持有分析型学习风格的学生却有可能对之回避；技巧型的教学风格适合依赖型的学习风格，却让思考型的学习风格感到无法适应。

不同的教学目标要求师生双方都不能固守于自己既成的教和学的风格。如果学生的学习风格和教师的教学风格相配，他的学习风格必然得到发挥和发展；反之，教师的教学风格将阻碍学生学习风格的发挥。这时教师和学生总要有一方来调整自己的风格，以使教与学归于和谐。

三、促使教师教学风格和学生认知风格相协调的教学措施

学习认知风格和教学风格的相互匹配以教学过程为外在环境，以认知方式为内在机制。两者相互协调共存于教学过程中，这既有利于教学风格的塑造又有助于学习认知风格的发展。

（一）引导学生认识自己的学习风格，逐步形成以良好的学习策略为核心的认知风格

教师应关注培养学生发展和调整自己的学习认知风格的能力，使其学习风格和教师的教学风格相匹配。教师不仅要了解学生的学习风格，而且要引导学生认识自己的学习风格，帮助学生把学习风格转化为学习策略，不断地启发学生观察自己的学习风格和偏好。当学生在学习新知识时，教师应不断提醒学生注意自己获得新信息和技能时采取的认知方式和学习策略。

教学风格和教学策略是促使学生形成个性鲜明的认知策略、学习策略和认知风格的必要条件而非充分必要条件。当学生在教师教学策略的引导下，认知策略的改变会导致其学习策略的改进，从而促使其认知风格的逐渐形成。所以，教师应采取多种教学策略、教学手段来控制学生的注意并激发学生采取适当的学习策略以形成自己的认知风格，从而促进自己的学习能力的提高。

（二）教师针对不同的学习认知风格应采取相应的教学策略

教师应具有较高的对教学风格的调控水平，以便塑造教师个体多样化的教学风格，来满足不同教学内容要求和学生多样化的学习风格的需要。教师也要对自己的学习风格有正确的认识及其对自己采取的教学方式的影响。偏向分析型学习风格的教师在讲解中也应努力让那些直觉型的学生理解所讲的内容，而有强烈的直觉性倾向的教师也会根据分析型学生对定义和结构的需求使用相应的教学策略和教学材料。

教师应该帮助学生认识不同的学习风格的价值。一般情况下，学生可能

愿意与学习风格相近的人一起学习工作，但他们的学习效果不好，因为这种学习方式只能强化各自在认知方式上的缺陷而不能优势互补。教师在实际教学过程中应该将各种不同风格的学生分配在一起学习，这样既能丰富学生的学习经验，使其发现自身认知方式的优势与缺点，又能帮助他们形成更好的认知方式和学习策略。

（三）培养学生对自身学习风格的调整与反思的能力

教师应重视学生学习风格的差异，不能轻易地仅凭考试分数的高低来判定学生认证方式和学习风格的优劣。在传统的课堂教学中，学生的学习思路完全跟随着教师的教学设计走，整个课堂教学安排没有给学生留下思维空间，没有自我反思的时间。因此，要真正实现以学生为中心的课堂教学，教师必须留给学生充分的时间和空间去反思和自我表现，注重培养学生对学习任务分析和判断的能力、开发新思路以及探索新方法的能力、对学习内容概括和总结的能力。而这一切的前提条件是要培养学生的问题意识，教师必须尽可能让学生自始至终成为教学全过程的主体，即问题的发现者、解决方法的寻找者、学习成果的验证者。

（四）注重对各方面教学反馈信息的分析和研究

教学过程实际上就是在教师和学生之间进行的各种信息交流的过程，其中既包括正向交流信息——知识信息和情感信息，又包括负向信息，即各种干扰信息：教学环境噪声强弱、教室光线的明暗、教学设备使用过程中非正常事故，甚至教师和学生服饰和发型的改变都会成为引起学生注意的干扰信息。因此，教师必须对每一节的教学进行教学反思。教学反思可以使教师不断提高自身的教学思想和智慧，提升教学水平。教学反思是解决教学问题的基本方式，是推动教学水平不断提高的强大动力。此外，教学反思还是教师对教学过程监控的最为有效的方法，而书写教学日志是教学反思中最普遍、最有效的方法。教学日志是对课堂教学真实的反映，是教师对自己教学思想变化、教学策略改变的客观记录。长期撰写教学日志有利于教师对自身教学风格和学生学习风格的分析和认识，是对自我的改变和超越，是一种促进自己专业发展的强有力的工具，并最终会成为教学智慧的源泉。

教学过程是教学风格和学习风格相互作用、相互促进的过程，也是它们逐渐走向成熟的过程。教学风格是学生学习风格形成、完善和走向成熟的孵化器。因此，那些重视培养学生学习风格的教学风格和教学策略才是有价值的，才是具有生命力的，才能真正实现因材施教。

第三节　知识与能力

一、语言知识和言语技能的关系

语言是交际工具，是社会化的一种规范的信息系统。言语则是使用语言工具进行交际的过程，是个人的心理现象。知识是以经验或理论的形式存在于人脑中的对客观现实认识的结果，它反映的客观事物的属性与关系。事物的种种联系和关系，特别是事物的本质和规律，是不能单纯通过感知直接认识到的，必须通过思维活动——理解才能被认识。人类知识是人们经过反复实践对事物的本质和规律达到理解的产物。

知识的学习都要通过理解才能被吸收。新知识的获得主要依赖认知结构中原有的相应观念，通过新旧知识的相互作用，把新知识同化于已有的认知结构，或改组、扩大原有的认知结构以容纳新知识，这便是理解。可见对知识的掌握首先是要达到理解的程度。当然，学生在学习的不同阶段，理解是有不同水平的，一般是从低水平的肤浅理解（认识事物的部分联系）进入高水平的深刻理解。

二、各种言语技能之间的关系

（一）掌握外语言语技能的三个层级

1. 领会式

领会式掌握，表现在对言语的感知和理解上。当人能听懂（听觉领会）

或读懂（视觉领会）言语时，这表明他已达到领会式掌握言语技能的程度。听懂和读懂表明，已具有听的技能和读的技能。运用听或读的技能不仅包含感知的过程，同时还包含记忆的过程。输入的言语材料必须与原有的认知结构相互作用，才能使视觉和听觉刺激中编码的意义变成接受者脑中的意义。

2. 复用式

心理学上“复用”指的是在记忆中再现某种材料，也就是在没有言语信息输入的情况下主动再现材料。在复用时也会产生认识感，因而复用并不排斥领会，实际上是包含领会的。恢复过去感知和掌握的言语，例如利用背熟的语言材料讲话，这便是复用式掌握语言。在复用的言语中，说话人通常不加入任何自己创造性的东西，只是像演员一样背诵已准备好的台词。

3. 活用式

学习外语达到能够不必依靠背熟的语言材料而比较自由地、创造性地运用所认知和再现的材料进行说或写时，可以认为已经达到了活用式掌握语言的水平。活用式掌握是以创造性再现所学材料为标志的，要求编造词的表述形式表达自己的意思。

（二）掌握外语言语技能的类型特点

1. 感性直觉类型的特点

（1）主要通过实践掌握外语，不大重视语言理论知识。

（2）善于模仿，能较快地掌握所学语言的材料。

（3）外语常挂嘴边，有时甚至会误导不懂外语者。

（4）常力图用外语思维。

（5）有时在梦中使用外语。

（6）对翻译不感兴趣。

（7）能感觉出别人言语中错误，但常不能予以说明。

2. 理性逻辑类型的特点

（1）重视获得语言的理论知识，以语法分析为主要学习手段。

（2）掌握语言缓慢，发音困难。

（3）掌握语言主要是领会式的，对实际使用语言无特别满意的感觉。

（4）通常要通过翻译来理解语言材料。

（5）基本上不用外语讲话，也不在讲本族语时插入外语词。

（6）梦中从不使用外语。

（7）借助语法知识能发现别人言语中的某些错误。

三、外语能力分析

外语能力常与人的先天禀赋混淆起来，解释为人生来就获得的一种特殊的天赋。实际上人不可能获得任何与生俱来的外语能力。所谓语言天资，只不过是一种便利学习语言的生理上的可能性，并不存在现成的语言能力。不经学习不仅不能掌握外语，本族语也同样不能掌握（如无适当的语言环境）。

（一）语言能力

1. 外语语言能力

指那些有助于顺利掌握外语语言的能力。其中包括能够区分外语语音（音位）的辨音能力、能准确再现外语语音的发音能力、具备听觉和动觉的控制能力及发音动作的协调能力、具备自动化言语动作、熟练及感知和再现外语语调的能力等。

2. 词汇能力

顺利掌握外语词汇也要求具备相应的能力。属于词汇能力的是：有助于牢固记住词的感性基础的形象记忆（听觉的，视觉的和动觉的）；迅速而准确地区别某些近似词的能力；迅速形成新的概念并掌握有关词义区别的能力；迅速理解词的具体（上下文的）意义的能力；识记各种外语词组、短语、成语的能力；在感知口笔语时迅速认知和理解词的能力；迅速找出必要的外语词来表达自己思想的能力等。

3. 外语语法能力

包括分辨各种词类和句子成分的能力；觉察外语词结构及语法特点的能力；根据语法规则变化单词并将词连成句子的能力；迅速而准确地辨认和再现各种句法结构的能力；正确使用冠词或其他限定词的能力；正确掌握词的一致关系的能力；具备正写和正读的熟练等。

（二）语感

人能够直觉地认识各种各样的联系和关系。当人所感觉到的联系或关系还未被意识到时，直觉的认识只能是感性的。人们的实际活动只有在由于相应的实践经验培养成了特殊的敏感性才可能是有效的。因此，可以把语感归纳为以下几个方面。

一是反映词与所标志客体之间（词义基础）的联系与关系。

二是反映语言特征的（语音、词汇、语法、修辞等语言特点）那些联系与关系。

三是反映两种不同语言体系之间的联系与关系。

语言联系和关系的所有这些感性反映形式构成了巨大而复杂的感性复合体，这便是语感。

（三）外语思维

对外语思维的心理特性的研究，是从语言与思维相互直接联系，形成不可分割的统一体这个基本原理出发的。思维只有在这种或那种语言基础上才能起作用。问题是本族语思维与外语思维是否完全相同。就思维形式而言，概念、判断、推理等思维形式和比较、分析、综合等思维过程尽管客观存在的一切对任何人都相同，亦即人们思考的客观内容是相同的，但反映这些现实的主观内容，亦即人们思维中形成的概念和判断却很可能是不同的，这便是思维内容上的差异。这说明外语思维与本族语思维不可能完全相同，这是由于不同语言的词所概括的概念内涵与外延可能不同。别里亚耶夫认为，当人在足够完善的水平上掌握外语时，本族语词和外语言语反应时间没有任何显著差异。只有在人掌握外语没有达到应有水平时才觉察出使用外语的过程有某种迟缓。由此可见，外语同思维的联系并不一定是间接的，也可能是直接的。

（四）外语的感知

感知是感觉和知觉的合称。感觉是人脑对客观事物的个别属性的主观反映，是知识的源泉，是各种心理活动的基础。感觉反映事物的个别属性。知觉是对外界事物、现象的整体进行的直接反应，是人脑形成整体性映像的认识过程。知觉反映整体，并具有选择性、理解性和恒常性等特点。理解在生理上乃是第二信号系统的活动，在心理上则以领悟所感知到的对象为特征，从而永远以展开逻辑推理的思维形式表现出来。

（五）语感的形成

语感的第一个范畴是反映词与所表客体之间的联系和关系，这便是复杂的语感结构中的词义感。词义感可以，而且应该划分为词的基本意义感和词的具体意义感。词的基本意义感反映词与概念的联系；而词的具体意义感则反映存在于词与该词所指的那些事物或现象之间的关系。

语感的第二个范畴是属于复杂的语感结构的，还有语言本身的关系感。首先是词汇及语法的关系感。属于这种关系感的还有许多局部的词汇和语法感。人在实际掌握语言时，不假思索地正确进行词的数、性、格、人称和时间的变化，使用必要的前置词等，所有这些都是根据自己的语感进行的。掌握语言还要求具有一系列的语音感和修辞感。我们使用语言时并不考虑所有这些方方面面。有人计算过，如果我们要把所有这些都考虑到，我们必须记忆二十四条规则，这就需要若干分钟的时间。那我们就要在自己的言语中长时间地讷讷难言，也永远听不懂别人的讲话。作为语言内部体系特征的那些联系和关系的直接感性反映是这样的：在语音方面有语言的单音之间以及完整的语音复合体之间的同异感，还有言语的节奏感、动力感、旋律感等各种特点的语感，所有这些语音感的总和可称为语音鉴别力。通常只有在学习语言的过程中，特别是在学习外语过程中，人们才会意识到语言的语音特点。当学习者在学习外语语音时，做到使这些知识成为自己语音感的真正领悟是非常重要而必不可少的。在语音方面，除听觉外还有另一种运动因素，即作为说话之基础的发音动觉。这种发音感，也可称为发音基础感。在学习外语过程中，要真正领悟作为外语发音基础的所有特点。除了词的视、听、动觉结构外，人还具有存在于词的各种形象之间的那些关系感。

语感的第三种范畴是反映两种不同语言之间联系与关系的语感，这是掌握了好几种语言的人的特征。属于这种语感的基本上是一种语言的语音、语法、词汇和修辞特点与另一种语言的这些特点之间的异同感。这种同异也可理解为两种语感之间，即一种语感与另一种语感之间的异同。因此，人们只有在直觉掌握第二种语言时，才可能存在第三种范畴的语感。

对于外语语感的形成而言，以下几方面因素是有帮助的。

1. 语言的理论知识

语言知识在很大程度上有助于语感的形成。力求掌握外语的人在获得关于语言的语音、词汇、语法和修辞特点的理论知识的情况下，语感的产生和形成较学习者企图用直觉的办法掌握语言要早得多、快得多。这是因为知识有可能成为经常的强化手段，但仅仅依靠知识本身永远不能导致语感的形成，没有语言实践，它们依然只是些纯词语的、理论的或抽象的知识。

2. 实际运用语言的实践

语感最初的产生和以后的发展及完善，只有在相应的实践活动条件下才有可能。言语实践是形成语感的决定性因素。没有言语实践就不可能形成所学语言的语感，没有语感，要掌握语言也是完全不可能的。总之，能最快形成语感的那些人一定是掌握相应的理论知识，并具有足够实际运用语言的言语实践。

（六）外语的理解

1. 语言处理的四个层级

（1）在知觉层级上，我们描述用于编码词的字母组成的一系列眼球运动。

（2）在词汇层级上，我们运用识别的字母从记忆中恢复词的词汇表征。这种表征包括词的意义、拼写、发音、词类及其他有关特征。

（3）在句子层级上，我们分析继续展开的言语信息中的句子结构。

（4）在话语层级上，我们使用层次较高的单位，如语段。

人脑中存在着类似词典的内部词汇，从记忆中寻找提取这些词汇的信息称为词汇检索。词汇检索的速度很快，每分钟可达 250 个词，并对这些词有所理解，其中包括知觉处理和理解处理。

2. 内部词汇的语义结构

语义结构 1：层级网络模式。网络模式认为，词的概念在记忆中以网络形式储存。网络是有层级的。记忆中的每个词都表现为网络中一定层级上的一个节点，并与别的词形成各种各样的关系，构成完整的系统。显然，层级网络模式中词和概念之间的关系以及与特征之间的关系，实际上都是一种逻辑关系。人的心理活动不一定按照逻辑关系进行。各种心理因素及其他因素均有可能影响我们实际的语义储存、提取和理解。

语义结构 2：扩展激活模式。经柯林斯和洛夫特斯修正形成的这种模式，近年来在认知心理学方面很流行。他们认为内部词汇中词是以关系的网络为表征的，但其组织并不像原来的模式那样有严格的层级。反之，其组织只是接近于由节点相连的网状，节点之间的距离取决于如范畴关系之类的结构特征，这种模式似乎体现了原网络模式及另一种由史密斯等人提出的语义特征模式的某些方面。"概念是作为相连的环节储存的"这个观点被保存了，但"所有这些关系是相等的"的观点，已做修改。该模式认为某些节点较其他节点更易接近，其容易接近的程度与使用频率和典型性等因素有关。语义信息得到恢复的过程也在这种模式中有所修正。不再是通过网络相交，而是在扩展激活过程中产生。激活是在一个节点上开始的，然后按平行形式扩展贯穿网络。这种激活经距离而减弱，这就保证了关系较近的概念比距离远的概念更易被激活。此外，网络模式了忽视世界知识，语义特征模式则明确区别了词的知识和世界知识这两方面知识。这种模式将两种知识结合起来成为单一的语义网络。

语义结构 3：语义特征模式。在网络模式中，单词表征作为完整的单位分散在词汇中。史密斯、肖本和里普斯据此提出了语义特征模式——定义和特性。定义是一种必须作为概念部分实例提出的特征。特性严格说来，对范畴成分并非必要，但仍然典型地与词相联系。

第四节　测试与教学

一、外语测试

外语测试是外语教学中的一个环节、一个子系统。在外语测试与外语教学的关系上，国内一些专家学者提出，由于他们有自己的理论基础和研究方法，因此，外语测试与外语教学应是两门各自独立的学科。杨惠中在他的《语言测试与语言教学》一文中指出，“语言测试是一门跨学科的综合性科学，语言测试又是伴随着语言教学出现的，没有语言教学也就无所谓语言测试。语言教学是第一性的，语言测试为语言教学服务”，并且他进一步指出，“外语教学和外语测试具有各自不同的目的。对于大学外语课程来说，教学的最终目的是使我国大学生掌握外语，获得以外语为语言工具参与国际交流的能力，获取本专业所需要的各种信息；而语言测试的目的则是提供一种科学的测试工具，对学生的语言能力进行客观的、准确的、公正的评价，反映教学中的长处和短处，为提高教学质量服务”。

笔者认为，关于外语测试与外语教学的关系，可以从系统的角度分析得到答案。钱学森认为，把极其复杂的研究对象称为系统，即由相互作用和相互依赖的若干组成部分结合成具有特定功能的有机整体，而且这个系统本身又是它们从属的更大系统的组成部分。笔者认为，外语教学不仅使学生识记一种语言的语音、词汇、语法等表象语言符号，还要培养学生对该语言的文化、风俗习惯的了解和认同，并且在外语教学过程形成每个学生自己的外语学习技能和运用技能。外语测试就是对外语教学效果和学生语言习得的检验。在外语教学这个大的系统中，语言符号的识记、语言技能的培养极其相关的外语测试，是在它们相互作用中才能体现其本质和作用的，将其孤立起来，也就失去了它存在的价值和意义。因此外语测试正是外语教学的一个重要组成部分，是这个大的系统中的一个子系统。这个子系统还包括如下环节：（1）命题组的建立；（2）试题范围、项目、难度、测试手段的确立；（3）测试；（4）确定阅卷原则和组织阅卷；（5）试卷评析。

二、外语测试的分类及其在外语教学过程的作用

外语测试研究涉及心理语言学、语言习得理论、语言学以及系统论等多个学科和领域。外语测试研究关注语言能力的科学测量，同时也关注语言测试对外语教学与学习所造成的冲击作用。自 20 世纪 70 年代以来，许多英语语言学家对语言能力的基本因素与语言使用基本能力进行了论述，提出了不

同的语言能力模式。奥利尔于20世纪70年代中期提出了单一语言能力的假想，其的基本原理是语言使用者的应用语言能力是不可分解的。在语言行为过程中，所有的因素都必须共同作用，取材于一个共同的语言知识库。语言使用者的大脑具有预期语法判断能力，这种能力帮助语言使用者思考、理解、阅读和写作，并判断在某一个特定情况下将要出现的话语是什么。根据这一假想，语言测试应该是检验整体的语言使用能力。

依据外语教学的规律和特点，我们把外语考试测试分为两大类：纵向测试和横向测试。

纵向测试可分为初始测试、过程性测试和终结性测试。初始测试可以在新生入学时对学生进行摸底考试，通过考试使任课教师对所教学生的语言基础知识和基本语言技能有所掌握，有利于因材施教。过程性测试包括学生自我测试、教师对学生的测试。教师对学生测试可以通过学生在课堂活动中的表现、课外外语活动记录、网上学习记录等多种形式对学生学习过程进行观察、测试和监督，促进学生有效的学习。终结性测试是一种结业性测试，用来检查学生在学习外语的某一个阶段或最终阶段的学习效果。针对考试内容应该主要考虑两方面：一方面是考试应以外语教学大纲和教材为依据，否则教师和学生在平时的教学过程中往往感到无所适从；另一方面是考试内容要兼顾外语教学的目标和教学任务。这样做有利于促使教学大纲的设计能够更加切合实际，考试能够比较科学、准确地反映学生的实际学生水平，其成绩可作为升入高一级语言课程的参考。

横向测试可分为语言技能性测试和语言基础知识的测试。语言技能型考试主要是针对学生的听、说、读、写、译五项语言技能的考查。检验学生是否达到教学要求所规定的目标。语言基础知识的测试主要是针对学生在语音、词汇、语法和篇章结构等几方面进行检查。有的学者也把横向测试称为诊断性测试。测试的目的是发现学习者的在语言技能和语言基础知识上的强弱，并根据测试的结果来决定是否需要加强某一方面语言技能和基础知识的训练。

在外语测试过程中应注意以下几点：

（一）阶段性考试测试与经常性考试测试相结合

阶段性考试测试有期中考试、期末考试以及每年的大学外语四、六级考试。在阶段性考试测试期间还要配以经常性的考试测试，如平时测验、单元性考试等。这样就使考试测试形成系统化，并且考试与课堂教学能紧密结合，成为整个教学活动的有机组成部分。

（二）综合性考试测试与外语专项技能的考试测试相结合

综合性考试是对教师教学效果和学生的学习效果一种比较全面的检验。首先由有经验的教师组成命题组，对教学的难点、重点进行科学分析；然后根据教师和学生实际情况进行命题，根据考卷反映的问题，做出分析和总结，及时发现薄弱环节，改善教学方法。

（三）定量性考试测试与定性考试测试相结合

在外语考试中，有些考试主要是以定量性分数来体现的，如期中和期末等综合性考试。这些考试一方面是对学生一个学期学习的一个总的评定，另一方面也是对学生语言基础知识的检验。但并不是所有考试都可以用分数来给予定量性评价。外语专项技能，如听、说、读、写、译五种基本技能用分数来表示很不科学。我们应该用优、良、中、差等来给予定性判定。

（四）客观性考试测试与学生自我测试相结合

由学校和教师组织的各种考试是客观性考试测试。它是根据教学目标、教学任务等进行的考试和测评，相对于学生来说是外在的。为了考试测试更为准确、客观、科学，在进行客观性考试测试的同时必须配有学生的自我测试。客观性测试与学生自我测试相结合有利于避免考试测评中的片面性。

三、外语测试的操作过程

（一）命题组的建立

任何的教学活动都是以人为中心的。命题组成员的素质直接决定测试的成败。在选择命题人员时，应考虑到人员的学历、教学经历、科研水平等情况。

（二）试题范围、难度、测试手段的确立

由于生源的不同，学生外语水平有很大的差异。因此，在命题时，试题必须针对不同专业、不同外语水平的学生采用不同范围和难度的试题。力争做到以下几点：（1）评分能够真实地反映学生的外语水平；（2）对外语教学具有正确的指导性；（3）分数具有可比性；（4）考试内容以语言交际能力考核为核心；（5）减轻学生对学习外语的压力。

这样可以充分调动学生学习外语的积极性，促进外语教学的良性发展。

（三）确定阅卷原则和组织阅卷

阅卷评分要客观准确，尤其是主观性试题更要明确具体的评分标准，评卷计分要始终如一，防止因评卷人的心理状态、卷面的整洁情况、客观环境等因素影响评卷质量。

（四）试卷评析

阅卷后，应针对以下几个方面进行试卷评析：试题范围、试题的难度、主观题与客观题的比例、题量与题型、分值的分布以及试卷用语准确与否。最终形成材料并写出总结报告，作为下一次考试出题的依据。

外语测试是教师和教学管理者系统地获取学生个体发展和教学反馈信息的重要手段。通过考试，教师和教学管理者可以了解和检查学生掌握课程教学大纲所规定的语言知识和语言技能的深度、广度和熟练程度，使学生了解自己的学习情况。考试也是对教师教学活动以及教学计划、教学大纲所体现的教育目标的检验，同时也是检验教师的教学工作、了解教学效果、总结教学经验、改进教学方法的重要途径。因此，我们每一位外语教师都应该重视外语测试在外语教学中的重要地位。

第八章　英语翻译教学与跨文化交际

第一节　英语翻译与跨文化交际

一、“跨文化交际”的定义

语言与文化互相影响，互相作用。理解语言必须了解文化，理解文化必须了解语言。语言反映着文化的内涵、价值和精华。“跨文化交际”这个概念是从英文的“intercultural communication”翻译过来的，它指本族语者与非本族语者之间的交际，也指任何在语言和文化背景方面有差异的人们之间的交际。这个看似简单的定义却蕴含着丰富的内涵，首先是“文化”和“交际”两个基本概念本身内容丰富，其次是文化几乎渗透到人们生存环境的各个层面，交际作为一个语言和非语言的使用过程，涉及个人的生理和心理、认识和感知以及社会文化环境的各个方面。

跨文化交际作为两者的结合所研究的内容更为丰富。跨文化交际已成为21世纪的时代特征，任何希望参加国际事务、国际合作和国际竞争的国家、民族和机构都无法回避这一时代所提出的挑战。跨文化交际可以是国家之间、民族之间、个人之间的交际活动，其内容可以涉及政策、政治观点、价值观、风俗习惯、礼貌、称谓等方面。

二、在英语翻译教学中渗透文化教学

（一）英语翻译教学与跨文化交际的关系

英语翻译教学的最终目标是培养学生在不同环境下的跨文化交际能力，为学生毕业后走向社会，从事国际领域的相关工作奠定基础，这就使得英语翻译教学具有了跨文化的性质。因此，在英语翻译教学中，我们应结合语境，恰当地遣词造句，尽量避免因受汉语干扰而误用与当时情景不符的表达方式。同时，我们要培养学生的跨文化交际策略，促进跨文化交流。这种教学活动不仅是传授语言知识，更重要的是要培养现代人应用英语进行跨文化交际的能力。

（二）英语翻译学习过程转变成跨文化的过程

英语翻译教学面临着全球化的挑战。美国21世纪的外语教育目标归纳一下即为5个“C”：Communication（交际）、Cultures（文化）、Connections（关联）、Comparisons（比较）和Communities（社区）。如果把这些目标说得再具体一些，那就是运用外语交际、认识多元文化、关联其他学科、比较语言文化特性、应用于国内外多元社区。“5C”的目标体现了文化理解的重要性。所以，教师在做文化导入之前，必须了解学生的知识水平，认真应对学生独立思考能力、创造想象力、判断批判能力、实践动手能力欠缺，文明礼仪修养，尤其是与国际接轨的文明修养有所缺失等问题，使得学生在英语翻译的学习过程中除了系统地学习语言外，还有机会接触该语言丰富的文化内涵。另外，教师还要培养学生对文化差异的敏感性、宽容性及处理文化差异的灵活性。在此基础上，教师再帮助学生学会客观评价自己或他人的跨文化意识及跨文化交际能力。

（三）语言教学和文化教学的有机结合

英语翻译教学不是培养跨文化交际能力的唯一途径，但英语翻译教学完全可以将语言教学和文化教学有机地结合起来，既提高学生的英语交际能力，又培养学生的跨文化交际能力。笔者认为，在英语翻译教学中跨文化交际能力的培养应注重以下几点。

1. 加强中西方文化差异的比较

教师在教学中进行随文解说，要注意寓教于乐的文化导入，将中西方文化在称呼、招呼语、感谢、谦虚、赞扬、关心、谈话题材和价值观念等方面的差异自觉自然地渗透到英语翻译教学中。教师在教学中必须注意社会文化背景知识的传授，加强自身文化修养，注重中西方文化差异的比较，向学生讲述英汉常用语在语言形式和风俗礼仪方面的差异。

2. 夯实英语基础，提升日常英语交际能力

英语教育要培养学生既会用外语表达外国的事物文化，又会用外语向外国介绍中国的优秀文化，以达到对外交流的平衡发展。只有交际文化的传授从日常生活的各个方面入手，才能使语言和文化学习真正情景化、语境化，提高学生鉴别与鉴赏异国文化的能力，同时加深其对本国文化的理解和认识。

3. 文化教学与语言交际实践紧密结合，跨越文化障碍

在与英语国家的交际过程中，因缺乏对中西方文化差异的认识和了解，人们经常下意识地以本民族的思维方式和文化习惯来进行交际，频频出现语句错误，误解和冲突常常发生。所以，教师在授课时，应对反映文化冲突的典型案例进行分析、解释，并组织学生开展讨论，各抒已见，让他们扮演不同的角色，让学生身临其境，甚至有意让小组之间展开激烈的谈判。这样，教师不再是知识的复述者，学生则从听讲者转变为参与者，从理论的接受者转变为实践的创造者。学生跨越文化障碍，有利于提高实践能力和创新能力，减少语用错误，并增加对跨文化差异的感性认识和兴趣，培养跨文化交际能力。

全球经济趋于一体化时代，对既熟悉国际知识又熟练掌握英语，并具有国际视野和创新意识，能直接参与国际竞争和合作的国际通用型高级复合型人才的需求越来越大，跨文化交际能力已经成为现代人才不可缺少的素质。因此，在英语翻译教学中必须重视学生跨文化交际能力的培养，按英语的专业特点设置跨文化教学课程及科目，使教学能更好地渗透到文化知识中，与时俱进。

第二节 英语翻译教学中培养跨文化交际能力的必要性

一、英语翻译教学中跨文化交际意识的重要性

随着不同国家、不同民族之间经济、贸易交流的日益频繁以及科技的进步和现代传媒的发展，不同文化之间的交流势必更加密切，更加繁荣。中国人出国旅游、学习不再是遥不可及的事，越来越多的外国人也开始练太极，学汉语，品尝中餐，欣赏京剧。所有这一切都是以语言的交流为基础的。语言是文化的载体，文化是一个民族思维方式、价值观和社会心态的共同取向，是民族精神、民族凝聚力和民族智慧的总根源，因此语言翻译从某种程度上说就是不同民族间文化的沟通、文明的传递。鉴于此，翻译教学中，我们必须教会学生理解并认识翻译，翻译不仅仅是文字语言符号的转换，而是文化的交流与沟通。这就需要着力培养与提升学生在翻译实践中的跨文化沟通能力、传播能力和交际能力。

我国的英语翻译教学模式一直是以教师为中心，采用传统的教学模式，即教师传授基本的翻译基础知识和基本技能，对某一翻译理论和技巧进行介绍，并使用几个译例加以说明或对几个译文进行比较，指出哪种译法好及其理由。这种模式有很多不足之处：首先，翻译是最终结果而不是整个翻译过程，会不同程度地影响学生主体作用的发挥；其次，注重句子层面含义的转换，容易使学生“一叶障目”，不能培养学生的整体语篇意识；最后，注重语言形式的转换，忽视文化因素的处理，难以培养学生的文化意识以及提高他们的文化素质。因此，提高我国学生翻译能力的一大障碍，就是文化差异。由此可见，教师在翻译教学过程中，在对翻译的技巧和理论进行讲授的同时，还应与汉英方面的文化差异和语言特色相结合。通过讲解译例，对因为文化背景知识而造成的影响进行分析，对跨文化意识的敏感性进行刺激，兼顾培养学生的翻译技能和知识，这一点对翻译教学来说是尤为重要的。

翻译是一种语言文化承载的意义转化到另一种语言文化中去的跨语言、

跨文化的交际活动。随着不同文化之间交流的日益频繁，翻译所起的作用愈加明显，社会对翻译人才的需求越来越大，要求也越来越高。我们的翻译教学也必须适应社会的发展，而且作为两种文化之间纽带的译者还必须是一个真正的“文化人”，具有敏感的文化意识。这就要求翻译教学更要注重培养学生的文化意识，即跨文化交际中参与者对文化因素的敏感性认识。因此，新时期的翻译教学应该语言与文化两手抓，这样才能培养出新一代优秀的翻译人才，以促进跨文化交际的顺利完成，促进不同文化之间的交流。

二、文化差异对翻译的影响

（一）价值观念的差异

素质体现的核心因素是价值观念的展现，任何一个人，他具备基本的认知观以及精神追求中的价值体现，其形成受到所处环境的影响。从世界的范畴分析，主要体现在文化的差异，进而造成价值观不对等现象。

（二）生存环境差异

生存环境差异影响学生的跨文化沟通能力。中国属于大陆文明，主要源于农耕文化，它具有平静、内敛、稳定的特点。譬如，就社会的基本单位模式来说，社会由成员关系清晰的一个个稳定的大家庭所组成，体现在语言文字上就形成了诸如祖父、祖母、外祖父、外祖母、大伯、小叔、大舅、小舅、大姑、小姑、大姨、小姨、堂兄弟、堂姐妹、表兄弟、表姐妹、侄子、侄女、外甥、外甥女、孙子、孙女等众多的称谓和词汇；而西方文明属于海洋文化，具有开放、多元、进取的特点，家庭模式和成员关系相对简单而单一，表现在语言上就没有发展出那么多的词汇，如在英语中，祖母和外祖母是一个词 grandma，伯伯、舅舅、叔叔是一个词 uncle，姑姑和姨是一个词 aunt，堂姐妹是一个词 cousin，侄子和外甥是一个词 nephew，侄女和外甥女是一个词 niece，孙子和外孙是一个词 grandson，孙女和外孙女是一个词 granddaughter 等。

同样的客观事物，对持有不同文化理念的人而言，影响和感悟是截然不同的，甚至可能是相反的观点，而这些差异在翻译中可能会导致效果变差，不仅是改变原意，甚至将意思颠倒，这与翻译精神背道而驰。词汇本身具有联想效应，可以扩展，在运用的同时需要注意其文化特征。

紧密结合，跨越文化障碍。由于思维方式的差异和实际交际能力的缺乏，人们经常会下意识地以本民族的思维方式和文化习惯来理解他人，频频出现语用错误，甚至会导致误解和冲突。因此教师可以在课堂上举一些具体的翻译实例让学生去领悟，鼓励学生拓宽知识面，课后可以通过读书、看报、看影视剧等，多多涉猎本国及欧美国家的文化风俗；而对于有机会出国学习、生活的人来说，到异国他乡去亲身体验、去发现，能真正培养出对异域文化差异的“敏感性”来。

三、跨文化交际下的翻译方法

1. 直译法

这种翻译方法适用在共性的效果体现上，是在认识不发生歧义的前提下使用的，同时也是最快速而且准确的翻译方法。比方说全世界人民通过生活观察得到这样的结论——狐狸非常聪明，蜜蜂非常勤劳。因此，各国都有类似的比喻。如 He is as cunning as a fox.（他像狐狸一样狡猾）He is as busy as a bee.（他忙如蜜蜂）

2. 意译法

这种翻译方法适用在特性的效果体现上，有时在中西方文化中对某一事物或现象有着明显差异的理解和认识，翻译过程中一定要尊重原文的文化内涵，但也要考虑国人可接受度。我们在翻译句子时首先要理解原语言的意思，然后采取意译的方法。

3. 代换法

在语言发展过程中，有时通过某些表面的现象展示丰富的内涵。这种形式的英语表现力和中国的成语在某种程度上有异曲同工之妙，但是在具体描述时可能不是用同一个事物来表述。

现在优秀的翻译工作者普遍认为，翻译过程中，不仅仅是要根据单词的意思进行翻译，更要领会其语言的内涵，了解该语言的文化因素、历史背景以及发展潮流。语言本身是文化的延伸，而文化又通过语言进行交流。在翻译中要把其中的内在含义体现出来，要让阅读者能够理解或者了解文章中的文化内涵，减少阅读中存在的差异理解，准确地将原著的信息通过翻译的媒介展现出来，从而实现翻译的目的。

第三节　借鉴中外翻译理论

一、国外翻译理论在中国的状况

我国的翻译研究在20世纪80年代以前，大体局限在对翻译作品及译者、译技的研究上，单纯的翻译理论研究还是比较少见的。

始于20世纪90年代对国外翻译理论著作的大量引进，促进了国内译学纯理论研究的发展。在这个阶段，学者们批判性地接受国外翻译理论，将这些理论视角运用到自己的研究之中。这无疑极大地丰富了我国的翻译研究。

我国对西方翻译理论的研究不外乎以下三个方面。

1. 对国外翻译理论的介绍

20世纪90年代开始，国内的学者开始对美国、法国、英国和苏联等国的翻译研究进行梳理。这其中包括上海外语教育出版社、外语教学与研究出版社分别引进出版的《国外翻译研究丛书》及《翻译研究文库》，湖北教育出版社推出的《外国翻译理论研究丛书》等。除此之外，还有发表在各学术期刊上的大量介绍国外翻译理论的文章。可以说，到目前为止，我国已经对国外翻译理论系统进行了全方位的引进。这些引进只是单纯的介绍，不带有编者或作者的任何个人观点。

2. 对国外翻译理论的评价

我国对国外翻译理论的研究大多数是对这些理论的评价。西方翻译理论庞杂，是否都有借鉴价值，这需要我国翻译研究者进行评价。这方面的著作和文章可以说数不胜数。

3. 对国外翻译理论的运用

我国学者在对国外翻译理论有了比较深刻的认识以后，开始大量地将它们应用到我国的翻译研究中。有的用于翻译理论的建设上，有的用于对我国译作或译者的翻译手法的评价中。现在，利用国外翻译理论研究我国的译作被视为我国翻译研究的范式，很多人对此方法倍加推崇。比如有的学者在研究我国古典名著《红楼梦》的两种英文译本时会用到目的论和功能理论或者补偿机制理论等。

二、国外翻译理论对我国翻译研究的意义

在国外翻译理论大规模介绍到我国以前，我国的翻译理念大多处在微观、具体操作层面，即对翻译文本进行研究，看这些翻译文本是不是实现了和原文的“等值”。我国的翻译理论诸如严复的“信、达、雅”和钱钟书的“化境说”等也大多局限在“怎么译”和“译得怎么样”的问题上进行探讨。国外翻译理论对我国翻译研究的一个巨大贡献就是使我国的翻译研究摆脱了语言层面的桎梏，我们也开始在更广泛的领域对翻译进行研究。多元系统理论、操纵学派、规范原则以及翻译的功能派、目的论、后殖民理论都影响过我国的翻译研究。随着文化转向热潮的来临，从文化的层面对翻译进行研究也成了我国翻译理论研究的一个重要方面。这些无疑都极大地拓宽了我国翻译研究者的视角，使得我国的翻译研究有了“异彩纷呈”的局面。

我国系统引进国外翻译理论的另一个结果是，在我国也开始出现了纯翻译理论的研究。20 世纪 80—90 年代以前，我国的翻译研究可以被称为应用性研究，这其中不涉及什么理论。但是，从 20 世纪 90 年代末以来，随着国外翻译理论的引入，我国的翻译研究有了更好的理论性和学术性，从以前的翻译实践研究逐渐向翻译理论研究方向倾斜。我国出现了翻译实践研究和理论研究并行，并以理论研究为主的局面。这其中最典型的纯理论研究就是有没有必要建立单独的翻译学和怎样建设翻译学的争论。在这方面，谭载喜教授是典型的代表。他呼吁建立翻译学，即把翻译学作为一门独立的学科来对待。另外，理论的多元化也使得我国翻译研究方法出现了多样化的趋势。翻

译心理学、翻译社会学、翻译话语研究等都被应用到翻译研究中，翻译研究的跨学科倾向越来越突出。多样性的研究方法，解放了我国翻译研究者的理性和智慧，使学术个性得到了彰显，这也是我们这个时代的要求。

我国以前的翻译理论多是翻译实践者从自己的翻译实践中得出的见解，比如严复的“信、达、雅”，这应该对我们当今的翻译研究者有所启迪。一方面，我们号召翻译实践者多提出自己的理论观点，将自己在翻译中的所思所想上升到理论层次，从而去指导其他的翻译实践；另一方面，如果我国大量的翻译理论研究者不从事翻译实践，那么就要研究我国译者自己对翻译的感想，探索出译者的共同翻译特点，将这些特点上升到理论层次。我国漫长的历史中曾有各种翻译实践活动以及许许多多翻译者对翻译的感想，他们有的研究翻译文本的得失，有的研究我国古代、近现代的翻译家们的翻译经验，他们将这些零零散散的东西汇聚起来，从而形成相对系统的翻译理论。这些上升到理论阶段的学说又对我国大量正在从事，或将要从事翻译实践活动的人们起到指导作用。

从这里我们发现，我国的翻译实践者们对翻译的认识和体会正好是翻译理论者们的研究对象。虽然我国的翻译理论研究者自己甚少从事真正的翻译实践活动，但他们研究的对象恰恰来自真正的实践，他们总结出的翻译理论也是从实践当中得来的，这并不违背认识论的原理。此外，我国的翻译理论者不仅要对翻译实践者对翻译的认识和体会加以研究，还要研究实践者留下的大量翻译作品，以及在这些译作中弥漫着的翻译实践者的翻译观。

我国翻译理论研究者的任务就是通过研究这些译作，将翻译实践者的翻译观总结出来，然后将这些翻译观用来指导其他从事翻译实践活动的人的翻译工作。也就是说，当一个译者赞同并采纳了某种契合自己风格或契合所翻译作品风格的翻译观的时候，这种翻译观就会统领这个译者的整个翻译过程，指导着他去追求自己的翻译风格，去克服翻译中各种各样的问题。在这个过程中，译者的翻译观也会在自己的译著中逐渐地建立起来。

当然，研究我国译者的翻译文本和他们对翻译的感想的时候，可以适当借助国外的翻译理论，因为中外翻译研究工作之间也有相通的地方。这种借鉴对我们的研究是有益处的。但要注意的是，国外的翻译理论始终只能起到一个辅助的作用，我们应该明确意识到不能让国外的翻译理论在我国翻译研究中越俎代庖。

三、西方翻译对我国的启示

当前西方翻译教学研究呈现出的态势是将社会要求、翻译规范、学生中心、信息技术、心理过程等理念融入研究之中，因而在理论和教学实践上表现出勃勃生机。对西方翻译教学理论进行总结、分析，吸收、利用其精华，并理性分析、折中运用其主张，是国内翻译教学界的一项重要任务。以下探讨的是西方翻译学对国内翻译教学研究的启示。

（一）对国内翻译教学的启示

1. 西方翻译教学研究的特点

西方注重理论翻译学、描述翻译学对翻译教学的指导作用，强调它们之间的互动关系。霍姆斯最早将翻译教学、翻译工具、翻译政策、翻译批评列为应用翻译学的四个分支，同时将应用翻译学与理论翻译学、描述翻译学融合在一起，并指出这三个领域之间的关系是辩证互动、互相提供材料支持的。之后，威尔士强调，在翻译学的三个领域中，应用翻译学是最复杂的研究领域，它需要将理论翻译学、描述翻译学的成果加以改造，使之适合于教学目的。图瑞指出，翻译学的应用分支（译者培训、翻译工具、翻译批评）不仅受翻译理论主体（理论翻译学和描述翻译学）的影响，还受从理论主体到应用分支过渡的转化规则的影响。这些转化规则往往与其他的学科相关，比如译者培训还要受到教学理论的影响。而柯琳娜则更进一步认为，翻译教育问题应该贯穿翻译研究的三大领域：理论翻译学要对翻译能力及其获得进行研究，描述翻译学更要研究学生的“黑匣子”，即一方面，翻译研究的理论分支的信息可以成功地传递到应用分支，另一方面，翻译教学的成果可以反馈给理论翻译学，并验证描述研究的信度。

2. 注重翻译市场对翻译教学的导向

西方研究决定了翻译课程的制定、实施，并因此成为翻译教学理论的核心问题。西方对翻译能力及其获得的研究，既有理论演绎方式，也有实证归纳方式；既有从技能发展层面的考察，又有从心理认知层面的考察；既有注重翻译结果方面的研究，又有注重翻译过程方面的研究。根据我们的文献综述，西方对翻译能力的理论研究可以分为十个流派：①天赋说，如奈达认为优秀的译者是生就而不是造就的；②自然展开说，如哈里斯和舍伍德认为，任何一个双语者，只要有足够的语言能力，便可以成为自然的翻译者；③自然展开修正说，如图瑞认为翻译能力是社会、功能的因素对双语能力激发、启动而形成；④认知建构说，如施雷夫认为翻译能力是一套认知图式集合，它对由文化决定的形式——功能集合进行重新组织；⑤转换说，如纽伯特认为翻译能力包括语言能力、语篇能力、领域能力、文化能力、转换能力，其中，转换能力统筹其他能力；⑥策略说，如巴塞罗那大学翻译能力研究小组PACTE认为翻译能力包括策略能力、双语能力、语言外能力，其中，策略能力起着核心作用，它对整个翻译项目做出计划，激发、监控其他翻译能力，并运用翻译策略，对翻译过程以及与之相关的结果进行评价、监控；⑦语篇协调说，如哈提姆和梅森认为翻译能力是协调原文和译文的七个语篇交际特征，即衔接性、连贯性、意向性、可接受性、语境性、信息性、互文性的能力；⑧生产—选择说，如皮姆认为翻译能力包括为同一原文生产多种译文的能力和选择合适译文的能力；⑨交际说，如诺德认为翻译能力的核心在于与翻译过程的诸方保持积极的互动，并生产出符合客户要求的译文；⑩语言—语篇能力说，如坎贝尔认为翻译能力的核心是语篇能力，此外还包括译者气质、监控能力。

3. 注重前沿翻译理论对翻译教学的作用

哈提姆将翻译中的意识形态和意识形态的翻译融入其教学体系，并指导学生通过个案学习，对韦努蒂的文化立场、权力操纵理论、规范理论等学派的有益启示和偏颇之处进行客观、理性的分析。梅尔从女性主义角度出发，要求翻译教学要提供多种译本给学生做比较，要尽量少提供背景信息，要让学生探寻个体的、语境化的解释。阿诺加则批评现代主义的翻译教学（即通常意义的传统翻译教学）是“精粹主义”，它注重将继承下来的知识毫无主观干涉地传授给下一代，其教育目的是将学生培养为盲目服从权威的“臣民”。她批评现代主义教学模式实质上是专制的，因此，她提出后现代主义翻译教学的反模式——教授的是对译者所扮演的政治、社会、意识形态的角色的解构，不关心具体的翻译技巧或方法，因为具体的教学策略是无效的，教育者要考虑的不是普遍的语境，而是具体的独特语境。再比如韦努蒂认为，翻译文学的教学要重视语言和文化的区别，教授翻译问题就是要揭示不同的接受形式如何决定外域文本的意义，以及在特定的历史时刻，接受语文化中哪些是主导形式，哪些是边缘形式；教授翻译，意味着教授译文中的余留部分，让学生注意到多层次、多色度的形式。

4. 注重对翻译过程中“黑匣子”的实证研究

这是将有声思维报告法和其他实证研究方法的成果用来指导学生的翻译心理过程。切斯特曼将近年 TAPs 研究成果做了较为完整的归结：①文本加工是一个不断回归的过程；②文本加工既有自动加工，又有需要思考的控制加工；③对普通文本和异常文本的加工方式存在着区别；④专业译者更多地使用单语词典；⑤专业译者更注重读者需求、翻译功能，学习者更关注原文的细节意义；⑥专业译者会提出更多的问题，对可能存在的问题更加警觉；⑦译者的心情、态度、自我形象影响翻译质量；⑧对主题的熟悉程度影响译文的质量。

柯琳娜也归纳了 TAPs 所揭示的学生进行翻译时遇到的问题：害怕母语干扰；缺乏同时处理多个问题的能力；骄傲、不愿意修改译文；更多地使用“自下而上”而不擅长使用“自上而下”，即使使用“自上而下”，也会过分依赖或误用双语词典，不恰当地使用世界知识，拙于使用释义；倾向于使用字符对应翻译而非意义对应翻译；不善于运用整体、语境、语用的信息做出宏观决策；缺乏自我意识和自我概念。她归纳 TAPs 显示培养翻译创造力的方法有思维流畅、大脑风暴、身心放松、发散思维、团队合作、思维视角转换。

5. 注重对翻译行为过程的教学

注重对翻译行为过程的教学同时强调发展学生对电子资源的搜寻和利用

能力。西方学者强调学生掌握翻译述要，学会搜索相关文献，了解在自己解决问题过程中存在的问题和取得的进步，并在学习过程中发展自己的自信。如福克斯批评了传统的翻译教学产品的导向性，提倡过程教学法，即基于需要，以学习者为中心，重要特征是同伴会议、日记、心理报告、问卷等。西方学者提倡的一些新的教学法，如档案教学法、学习者语料库教学法、笔译推理教学法等，都是以学生的翻译行为过程为对象进行教学的。而电子资源的利用也必然成为过程教学的内容之一，如沃伦托勒认为翻译语料库的运用和组建是现代翻译能力的构成部分；柯比和贝伊尔强调将新的技术，如电脑词典、在线数据库、术语管理系统、计算机辅助翻译、笔记本出版软件等在任务教学法中的运用；奥斯特缪尔主张译者掌握翻译过程中的功能、语言、文化因素，强调译者学会运用互联网搜索策略、网络语言资源和磁盘翻译资源，并学会组建翻译记忆库和翻译语料库。

6. 重视翻译规范的教学

在西方，翻译规范是翻译教学的一个重要组成部分，它为评判制定了六条标准：①级别；②普遍性；③频率；④系统性；⑤时间；⑥规则相关性。西方翻译教学研究范式受翻译研究范式和教育研究范式的影响，它的研究经历了如下三个阶段。

（1）（学习者）外部研究范式。包括：①经验模式；②等值模式；③比较—转换模式；④语篇—功能模式；⑤目的—充分模式。

（2）（学习者）内部研究范式。包括：过程—策略模式。

（3）（学习者内部、外部）综合研究范式。包括：①规范模式；②情境—建构模式。

（二）对翻译特点和原则的启示

1. 前瞻性与后顾性

在外部研究上，既重视对已有理论成果进行挖掘、总结、深化，又重视在此基础上进一步扩大研究视野、丰富研究方法、拓展研究领域，不可因为后续范式或模因的出现而全部否定之前的范式或模因。内部研究上，既重视学生已有的翻译水平，又重视他们潜在的“最近发展区”，并以此来促进他们翻译能力的发展。

2. 和谐性

翻译人才必须具备扎实的语言功底、娴熟的翻译技巧、创造性解决问题的能力、合格的人际和社会交往能力、良好的翻译道德，因此教学必须融合行为主义、认知主义、人本主义三大教育心理学理念，既要培养学生良好的翻译习惯，重视他们每一学习阶段的整体情况；又要根据他们认知、思维发展的过程规律和表现特征，组织、编排教学材料，使教学达到最大的功效；同时教学中还要倾注充分的关怀、信任，重视学生的学习主体性，克服阿特拉斯症结。

3. 跨学科性

翻译教学研究必须融入以下几个领域的理论成果：①翻译学领域，包括理论翻译学、描述翻译学、应用翻译学（如翻译工具建设）；②语言学领域，包括普通语言学、语篇语言学、对比语言学、功能语言学、形式语言学、心理语言学、认知语言学、文体学；③文艺批评领域，包括美学、文学批评（如不定点，原型的翻译，读者接受等）；④教育学领域，包括课程论、学习论、二语习得、课堂社会学；⑤心理学领域，包括教育心理学、认知心理学、人格心理学。

4. 折中性

西方一些学者在强调建构主义过程教学的时候，常常会走向极端，否定传统的客观主义。虽然建构主义注重学生与外界环境的互动和个体对经验的构建，但它忽视了知识的系统性、完整性，同时由于过分夸大学生的中心作用，忽视了教师的导向作用。因此，翻译教学的初级阶段应该以客观主义教学为主，高级阶段兼顾客观主义和建构主义。过程教学的重点在于解决学生在翻译策略、情感与职业译者的心理差异、词典运用等方面的问题，它适合于翻译教学的初级阶段，而在翻译教学的高级阶段，重心应归于美学表现、翻译功能再现等复杂的结果问题上。

5. 阶段模式性

翻译教学研究本质上是一种规范性、规定性的研究，但是传统翻译教学的规定是“窄域”规定，如翻译标准是“忠实”“通顺”，翻译方法是“能直译就直译，不能直译就意译”等，规定得过窄、过死，忽视了多种因素的决定作用。我们的研究首先要借鉴描写的方法，运用语料库、多文本比较等方法，揭示具体文化语境、情境语境下成功的译文对语言、文化等因素所采用的翻译方法，并以“宽域”规定的方式来指导教学，使学生能根据翻译任务、文化态势、语言语境等因素对翻译方法做出灵活、合理的选择。

6. 实证性

为了摆脱主观式、印象式研究的缺陷，我们的研究要更注重实证性，通过实验、调查、问卷等方法，从问题的表层现象进入深层本质，或验证对教学问题提出的理论假设。同时，西方学者对待翻译规范也表现出传统和激进两种态度。传统派包括图瑞、切斯特曼、诺德、皮姆、盖尔等；激进派以赫尔曼斯为代表。传统派学者在重视规范描写性、解释性的同时，也非常重视规范的规定性、规范性，强调翻译教学中将规范由外部的约束向内部的监控转化。图瑞提出了初始规范、预备规范、操作规范，其中，操作规范又包括矩阵规范、语篇语言规范。他指出，译者在发展翻译能力的过程中，首先是得到外部的反馈（如接受、拒绝、惩戒），这种外部反馈往往代表着译入语的规范，它是一种外部监控设施，翻译学习过程中译者逐步将它化为内部监控机制。切斯特曼提出四种规范的教学：期待规范教学、关系规范教学、交际规范教学、责任规范教学。他还强调与规范对应的三种策略的教学：语言策略教学、心理策略教学、社会语言行为策略教学。诺德也提出了一系列的翻译规约，包括体裁规约、风格规约、非言语行为规约和翻译规约，其中，翻译规约又包括建构性规约和规定性规约。通过掌握规约、文献型 / 工具型翻译法，引导学生“生产”功能 + 忠诚的译文。激进派的赫尔曼斯从后现代立场出发，认为翻译规范代表了社会的期待，它是对策略的选择，翻译行为是在规范复合体之间的妥协，而决定规范选择的因素是价值观，价值观又反映出社会的权力关系。

7. 重视学生在翻译过程中的社会化

针对传统翻译教学割裂学生和社会的现象，基拉利批评传统教学模式“虽然培养了一些有能力的‘孤独的译者’，但不能培养学生的语言外素质”。

罗宾逊也指出，翻译学员要参加各种社团、翻译会议以及网上讨论，这样才能更好地掌握语言、文化以及市场的运作机制和动态。奈达建议学生加入一个有着多个团队的翻译组织，自己是其中的一位常年翻译。兰伯特则从现代企业管理的角度要求翻译学生将自己融入世界范围之中。

8. 积极倡导建构主义

建构主义者反对客观主义的“意义客观地、独立地存在于人脑之外的真实世界中”“教学便是传递主义的教学”的理论，即老师怎样教我，我便怎样教学生的观点。他们强调学生在真实的翻译情境中，通过自主学习、合作学习，或在专业人员的指导下，与外界环境和知识结构进行互动，进而获得经验、发展能力。基拉利是建构主义翻译教学的代表人物，他主张建构主义的翻译教学是：①基于项目的学习，即从练习转移到实践；②提倡翻译实践的课堂；③教师是翻译项目的管理者，是学生的示范者、鼓励者、帮助者；④学生的目标是发展能力、自信和专业行为。建构主义翻译教学注重从建构主义教育理论、建构主义外语教学理论中借鉴理论支持；建构主义者还反对传统的教学课堂形式，主张将“教师中心”转移到“学生中心”上来。如基拉利就提出要“变课堂为论坛”。

9. 重视对翻译教学评价的研究

西方对翻译教学评价的研究集中于以下几个方面。

（1）评价范畴

库斯莫提出评价范畴包括：①文化充分性；②情景充分性；③言语行为；④词的意义；⑤语言错误。威尔士认为译文评价范畴包括句法、语义、语用三方面。艾德认为翻译能力的评价范畴包括：①语言的准确；②信息的准确；③对目标语读者的知识和需求的了解；④（源文中的）互文指涉；⑤可读性。

（2）评价形态

柯琳娜根据翻译测试的目的区分了总结性评价与形成性评价、常模参照性测试与标准参照性测试、成绩测试与水平测试、翻译技巧测试与语言技巧测试。切斯特曼对应四种翻译规范提出了五种评价形态：后顾性评价形态、前瞻性评价形态、旁侧性评价形态、内省性评价形态、教育性评价形态。

（3）测试方法

①测试样式。如柯琳娜在传统测试样式上增设完形填空、多项选择、开放式问答 / 评论、理论问题简答等样式；伍兹沃斯提出文学翻译测试的形式是“家庭考试”+“翻译心得”。②评分方式。柯琳娜提出整体评定和分项评定，并要求设置评分的等级评定描述。③扣分标准。西方学者反对随意的、注重处罚的扣分标准。如瓦格纳指出，译文评价时不仅要对错误扣分，更要对创意进行加分。

（4）错误分析

库斯莫将错误分析分为两类：①以产品为中心的错误分析；②质量评价。前者对应于教学目的，后者则是看译作是否合乎翻译情境。皮姆区分了两分型错误和非两分型错误：前者与语言课堂相关，在课堂上有权威予以及时纠正；后者与翻译课堂相关，需要讨论、协商达成基本统一的意见。豪斯、切斯特曼分别区分了显性错误和隐性错误，而且切斯特曼还提出了教学方法、课程体系的长处与局限，使研究结论更具有准确性和科学性。

参考文献

[1] 阿日贵 . 高校英语翻译教学研究 [M]. 北京：北京工业大学出版社，2021.

[2] 曹文娟，张婷 . 英语翻译教程 [M]. 长春：吉林人民出版社 , 2019.

[3] 陈国萍，李建平 . 英语翻译的原理与实践探究 [M]. 长春：吉林人民出版社 , 2023.

[4] 陈敏 . 英语翻译教学与创新方法研究 [M]. 长春：吉林出版集团股份有限公司 , 2023.

[5] 陈晓丹 . 英语翻译与文学语言研究 [M]. 长春：吉林文史出版社，2023.

[6] 陈莹 , 吴倩 , 李红云 . 英语翻译与文化视角 [M]. 长春: 吉林人民出版社，2020.

[7] 董晓波，胡波 . 新时代法律英语翻译 [M]. 北京：对外经济贸易大学出版社 , 2021.

[8] 胡敏，蒋甜甜，李瑶 . 大学英语翻译教程 [M]. 长春: 吉林人民出版社，2021.

[9] 江小春 . 文化差异视域下的英语翻译研究 [M]. 长春：吉林出版集团股份有限公司 , 2022.

[10] 刘彭恺 . 英语翻译研究的转向 [M]. 长春：吉林出版集团股份有限公司 , 2020.

[11] 罗海燕，王湛，宋玉芳 . 英语翻译理论与教学研究 [M]. 长春：吉林出版集团股份有限公司 , 2021.

[12] 潘冀春，刘洁 . 科技英语翻译 [M]. 北京：北京理工大学出版社，

2020.

[13] 沈剑文，刘思齐，靳慧敏 . 现代英语翻译理论与教学研究 [M]. 长春：吉林文史出版社 , 2023.

[14] 孙昌坤 . 实用科技英语翻译 第 2 版 [M]. 北京：对外经济贸易大学出版社 , 2021.

[15] 唐静 . 2023 考研英语翻译实战训练 16 篇 [M]. 北京：群言出版社 , 2022.

[16] 王晓芬 . 多元文化背景下的英语翻译研究 [M]. 北京：中国书籍出版社 , 2023.

[17] 熊磊 . 英语翻译的原理与实践应用研究 [M]. 长春：吉林出版集团股份有限公司 , 2022.

[18] 俞利军 . 英语翻译理论与实践论文集 [M]. 北京：对外经济贸易大学出版社 , 2009.

[19] 周榕，郭沫，秦波 . 英语翻译与语言学 [M]. 芜湖：安徽师范大学出版社 , 2019.

[20] 朱燕，闵西鸿，赵娟 . 英语翻译理论与技巧研究 [M]. 长春：吉林人民出版社 , 2021.